**부장님 몰래하는
직장인 경매의 기술**

초수를 고수로 이끄는 친절한 경매 사용설명서

부장님 몰~래하는 직장인 경매의 기술

조장현 지음

페이퍼로드
paperroad

차 례

PART 01

나는 이렇게 경매를 시작했다

PART
02

경매에 뛰어들기 전에
알아두어야 할 것들

PART
03

경매로
수익 내는 법

PART 04

직장인 경매
십계명

회사는 월급을
딱 쓸 만큼만 준다

사회생활을 갓 시작한 사회초년생 시절, 한 달에 50만 원을 저축하는 것을 목표로 삼은 적이 있었다. 하지만 곧 포기하고 말았다. 매달 50만 원씩 저축을 해봐야 1년이면 600만 원이고 10년을 꼬박 모아야 6,000만 원이다. 게다가 사회초년생이 한 달 월급에서 50만 원을 덜어내 저축한다는 것은 그야말로 먹고 싶은 것 안 먹고 사고 싶은 것 안 사고 모임에도 못 나가는 인고의 생활을 해야만 가능한 것이었다.

학창시절에도 그랬었다. 모두가 놀고 싶은 것 참고, 하고 싶은 것 하지 않으며 오직 좋은 학교, 좋은 직장을 목표로 살아왔다. 그렇게 25년 이상을 공부하여 어렵게 취업을 한다. 하지만 그런 직장에서도 길어야 25년 동안만 돈을 벌 수 있을 뿐이다. 25년 동안 돈과 시간과 건강을 쏟아가며 투자한 결과가 25년 동안 시간과 건강을 쏟아가며 일하면서 많지도 않을 월급을 받아가는 현실이라니, 경제적인 관점에서 가성비를 따져보면 결코 좋다고 말할 수 없는 투자다. 요즘은 25년씩이나 월급을 올려가며 다닐 수 있는 사람조차 그다지 많지 않다. 심지어 해마다 그 기간은 점점 더 짧아진다.

직장은 정상이 아니라 베이스캠프다

에베레스트 정상을 정복하려는 등산가들은 정상의 길목에 베이스캠프를 차린다. 베이스캠프란 산을 오르기 위해 몸과 마음을 추스르며 마지막 열정과 에너지를 충전하기 위해 잠시 머무르는 곳이다.

베이스캠프를 나서면 그 뒤에 세울 수 있는 건 오직 전진캠프뿐이다. 베이스캠프의 삶이 풍족하거나 편안하거나 쾌적하지는 않다. 하지만 전진캠프의 상황이 여의치 않을 때, 언제라도 돌아와 다음 기회를 도모할 수 있는 곳이 바로 베이스캠프다. 모험을 나서는 모험가들의 첫 관문이자 든든한 보루인 셈이다. 그리고 모험가들이 모험을 성공적으로 마쳤을 때, 그 베이스캠프는 자신의 소임을 다하고 모험가의 추억 속에 남게 된다.

우리 직장인들은 지금 몸담고 있는 자신의 직장을 베이스캠프로 삼아야 하겠다.

흔히들 회사 안은 전쟁터, 회사 밖은 지옥이라고 하지만, 어차피 모든 직장인은 언젠가 회사 밖으로 떠밀려 나가야 하는 숙명을 가지고 있다. 베이스캠프에서의 삶이 마냥 행복하다고는 할 수 없어도, 그곳에 들어간 등산가들이 선택할 수 있는 길은 오직 두 가지뿐이다. 정상을 향해 도전하든가, 아니면 정상을 포기하고 그 산을 떠나든가. 어떤 경우든, 베이스캠프에 여생을 고스란히 바치고 싶어 하는 모험가는 없다. 하지만 기왕 떠날 거라면 성공을 한 채로 떠나고 싶어지는 게 인지상정이다. 그러니 베이스캠프인 직장이 세상의 거센 바람을 조금이나마 피하게 해주는 동안, 회사가 아직 당신의 쓸모를 인정해서 산에서 쫓아낼 생각을 하지 않는 동안, 우리는 성공이라는 마지막 고지를 점령하고 웃는 얼굴로 산을 떠나야 한다. 즉, '퇴사 후의 경제적, 시간적 자유인'이 될 기반을 마련해야 한다.

직장에서의 성공은 우리의 최종 목표가 아니다.

베이스캠프의 삶에서 아무리 성공해본들, 산을 오르거나, 산에서 쫓겨나거나, 미래가 둘 중 하나라는 현실은 달라지지 않는다. 직장에서의 성공은, 정상의 길목에 있는 베이스캠프에서 몸과 마음을 추스르고 마지막 고지를 향해 나아갈 수 있도록 머무는 시간을 좀 더 연장해주는 방편일 뿐이다.

퇴직 후 30년? 아니면 50년?

우리 직장인들은 모두 자의든 타의든 언젠가는 지금 다니고 있는 회사를 나와야 하는 숙명을 가지고 있다. 직장을 다니고 있을 때, 퇴직 후에도 현재의 직장에서 받고 있는 연봉만큼의 수익을 올릴 수 있는 방법을 만들어 놓아야 한다.

직장에 들어가기 위해 준비하는 25년과 직장생활 25년을 모두 마친 뒤에는 온전히 자신만의 힘으로 나머지 30년 이상을 헤쳐 나가야 한다. 어쩌면 50년이 될 수도 있고, 그보다 더 길어질 가능성도 없는 건 아니다. 평균수명은 해마다 길어지지만, 직장생활을 할 수 있는 기간은 해마다 짧아진다. 준비할 시간은 짧아지는데, 대비해야 할 기간은 점점 더 길어진다. 그 준비를 직장생활을 하고 있는 시간 동안에 온 힘을 다해 마쳐야 한다. 베이스캠프를 떠나는 등산가처럼, 직장생활 이후에도 자신의 삶이 멋지게 펼쳐질 수 있다는 자신감을 만들어야 한다.

퇴직 후의 자신감은 직장이 아닌 곳에서 온전한 자기만의 능력으로 돈을 벌 수 있는 기술이나 방법을 가지고 있어야 생긴다. 세상에 행복을 이루는 방법은 많다. 하지만 현실적으로 인간의 행복은 '돈'의 유무로 판가름 나는 경우가 대부분이다. 세상이 돈이 전부가 아니라고들 하지만, 돈이 없는 인생의 선택지는 좁디좁은 외길들뿐이며, 돈을 고려하지 않은 인생의 행복이란 자기만족이 돈을 대신하는 신포도 같은 행복일 뿐이다. 아무리 아니라고 고개를 저어도 현실은 변하지 않는다. 그리고 많은 사람들이 돈이 있지도 없지도 않은 평범한 길, 크고 넓어 대부분의 사람이 걸어가지만 그다지 행복하지는 않을 그 길을 걷고야 만다. 해마다 점점 더 길어지기만 하는 그 길을.

경매투자는 직장인을 위해 최적화된 투자 방법이다

하지만 만약 당신이 퇴직 후 여유로운 일상을 즐기며 돈 걱정 없는 퇴직 이후의 삶을 원한다면, 좁지만 옹색한 외길도, 크지만 서글픈 그 길도 아닌 자신만의 행복의 길을 가고 싶다면, 적어도 지금 당신이 직장을 다니고 있을 때 미래를 위해서 무언가 한 가지는 준비해야 한다. 주식, 부동산, 골동품, 가상화폐 등등 방법은 많고, 저마다 성공할 이유와 실패의 예시를 산처럼 갖고 있는 분야이지만, 그중 내가 선택한 것은 경매투자였다. 굳이 이유를 들자면, 다른 투자에서는 성공하지 못했고, 경매투자에서는 내세울 만큼 성공했기 때문이다.

게다가 경매투자에는 장점이 많다. 경매투자에는 많은 시간이 소요되지 않고, 큰돈이 필요하지 않다. 작정하고 일을 저지르지 않는 한, 큰 손해를 볼 확률도 낮다. 혹시 손해를 보더라도, 직장을 다니며 어렵지 않게 다음 기회를 도모할 수 있다. 경매투자는 특히 직장을 다니고 있을 때 그 진가가 가장 잘 드러나는 투자다. 직장인을 위한 투자라고 생각해도 좋다.

필자는 마이너스대출 3,000만 원으로 시작했다. 그 뒤 직장을 다니면서 아파트, 빌라 등의 물건부터 상가 경매, 지분경매, 법정지상권 등의 특수물건까지 10여 년간 수십 건의 경매 물건을 낙찰받아 수익을 올렸나. 그리고 경매 시작 10년 만에 원룸 선물과 상가를 포함해 다수의 부동산을 소유한 건물주가 되었다. 특별히 경매에 대해 잘 알고 시작한 건 아니다. 한 건 두 건 부딪혀가면서 하나씩 배워가다 보니 결과적으로 성공했다.

우리는 전문투자자가 아니라 직장인 투자자다

투자가 늘 그런 것은 아니지만, 경매투자의 경우에는 전문가보다 초심자가 더 좋은 성과를 얻는 경우가 종종 있다. 전문가들은 수익보다는 손해 보지 않는 것을 투자의 방침으로 삼는 경우가 많다. 100% 확실하지만 이득은 낮은 곳에 대량으로 투자하여 이익을 보는 금액

자체를 높이는 전문가의 투자방식을 일반 투자자가 따라 하기란 쉽지 않다. 심지어 손해를 절대적으로 피하려는 전문가의 습성 때문에 틈새를 노린 초심자가 이득을 보는 경우도 있다. 다시 강조하지만, 초심자들은 투자액이 소액이기에 직장을 다니고 있다면 다음 기회를 기약하며 모험을 해볼 수도 있는 사람들이다. 그러나 전문가들은 심정적으로 그러기 힘들다.

그런데 현재 시중에 나와 있는 경매 관련 서적들은 형식과 저자가 어떻든 대부분 전문투자자들의 투자 사례를 기술한 것들이 대다수로 직장인의 현실에는 맞지 않는 부분이 많다. 게다가 전문가라고 해본들, 이들은 자신이 주로 투자하는 분야 외에는 그다지 해박하지 않다. 대부분의 직장인 투자자들은 초심자로 시작해서 전문가의 길을 넘보는 데까지 나아간다. 어느 한 분야에 집중 투자하는 건 적어도 초심자의 입장에서는 먼 훗날의 이야기다. 게다가 어느 한 분야만 믿을 수 있는 책은 반대로 말하면 다른 분야에 그 책을 적용하면 손해를 볼 수도 있다는 뜻이다. 아무리 권위 있고 유익한 책이더라도, 초심자에게는 그다지 권하고 싶지 않다.

투자라는 인생에 인생을 투자하며

필자는 직장을 다니면서 경매 투자를 했고, 어느 정도는 성공을 거두었으며, 지금은 그 이후의 삶을 준비하는 사람이다. 초수에서 시작해, 중수를 거쳐 지금은 고수의 길을 조금씩 넘나드는 중이라고 생각하고 있다. 이 책은 필자가 실전에서 습득한 직장인 경매 노하우를 하나하나 솔직히 풀어놓은 책이다. 처음으로 경매를 시작할 때의 이야기와 주의할 점, 경매 초수부터 중수를 지나 고수들이 다루는 특수물건을 다루는 법까지 경험을 위주로 서술하려 했다. 찬란하게 빛나는 미래까지는 보장할 수 없지만, 적어도 필자가 걸어온 만큼의 길은 걸을 수 있는 지표를 제시하는 것을 목표로 최대한 상세하고, 최대한 현실적으로 책을 쓰려고 애썼다.

달리 말하면, 이 책은 지금까지의 내 인생을 투자 중심으로 풀어놓은 책이기도 하다. 1장에서는 내가 경매를 시작하게 된 경위와, 직장인이 경매를 해야 하는 이점에 대해 적어놓았고, 2장에서는 경매를 시작하려는 사람이 꼭 알아두어야 할 점을 주의사항 형태로 정리해놓았다. 만약 지금 당장 경매를 시작해야만 하는 사람이라면 특히 이 책의 3장인 「경매로 수익 내는 법」을 중점적으로 들여다봐도 좋다. 3장에서는 경매 투자를 쉽게 따라 할 수 있는 구체적인 방법과 사례를 단계별로 구성해놓았다. 그 방법대로 따라 하기만 하면 경매를 처음 접하는 독자들도 어렵지 않게 경매라는 투자에서 성과를 내는 데 무리가 없으리라고 생각한다. 그리고 4장에서는 경매를 하는 동안 유의하면 좋을 일들을 열 가지로 나누어 정리했다. 욕심과 게으름과 부족한 배려는 성공한 인간조차 불행에 빠져들게 한다. 4장에서는 성공과 행복의 균형을 잡는 법에 대한 나름의 생각을 정리해보았다. 마지막으로 경매를 하는 동안 실전에서 활용할 수 있도록 체크리스트 형식의 경매 진행 차트와 그 외 필요한 것들을 실전 매뉴얼 형식으로 풀어놓았다. 이 책을 다 읽은 뒤, 현장에서 틈틈이 활용하길 바란다.

직장 없이 살아야 할 날은 점점 더 길어지고, 세상은 점점 더 살기 힘들어진다. 돈이 인간의 조건이 되어버린 세상이라며 한숨을 쉬는 사람도 많다. 하지만 한숨만 쉬어서 달라지는 것은 없다. 충분한 돈은 자신을 구원한다. 그리고 자신의 주변 사람까지 구할 수 있는 힘 역시 충분한 돈에서 나온다. 만약 돈이 전부인 세상에서 돈이 전부가 아닌 세상을 주장하려 해도, 당신에게 돈이 없다면 아무도 당신의 말을 제대로 들어주지 않을 것이다. 그것이 올바르기 때문이 아니라, 돈이 인간의 조건인 그것이 지금 세상의 현실이기 때문이다.

이 책이 많은 직장인 예비 투자자들에게 기회가 되고 끝이 정해져 있는 직장생활에서 퇴직 후 인생에 대한 해결책을 찾는 데 도움이 되기를 기대한다. 그리고 이 책이 출간되기까지 관심과 도움을 아끼지 않으신 페이퍼로드의 최용범 대표님과 편집진에게 감사의 마음을 전한다. 아울러 혜원, 유원, 원영에게도.

2019년 6월

조장현

PART

01

나는 이렇게
경매를 시작했다

01

"부장님,
연차 좀
쓰겠습니다."

 오늘은 열흘 전 경매 사이트를 검색하
다가 발견한 강원도 춘천 경매물건의 입찰일이다.

발견할 때부터 '이거다' 하는 생각이 들었고 가슴이 뛰기 시작했다.
이 물건을 발견한 후 감정가, 최저가, 주변 시세, 임대료와 주위 상권,
유동인구 등을 확인했고, 주말에는 토요일, 일요일 이틀을 투자하여
이 물건을 현장 확인하였다.

현장 확인 두 번째 날에는, 현재 그 물건에 임차 들어와 있는 분과
만나 낙찰이 이루어져도 이전과 같은 조건으로 재계약하겠다는 확답
까지 받아놓았다. 만약 일이 순조롭게 진행된다면 은행대출 이자를
제하고도 매월 150만 원 정도의 고정 수익이 생기게 되는 셈이다. 실
투자금은 4,000여만 원, 소위 말하는 흔치 않은 대박이었다.

오늘의 기상 시간은 아침 여섯 시. 평상시라면 보통 일곱 시 전후에 일어나 회사로 출근하지만, 오늘 가봐야 할 곳은 회사가 아니라 춘천의 경매법정이다. 혹시나 하는 마음에 알람을 여섯 시에 맞춰놓았다. 일어나자마자 신분증과 도장, 입찰보증금을 다시 한 번 확인하고, 간단하게 준비를 한 후, 여섯 시 삼십 분쯤 집을 나섰다. 아직 이른 시간이라 차는 많이 밀리지 않았고 여유로운 마음으로 춘천을 향해 차를 달렸다.

한 시간쯤 차를 달리다 휴게소에 잠시 들러 조용한 곳을 찾아 상사인 이 부장에게 전화를 걸었다.

"부장님⋯. 저 조 과장입니다."

"어~ 조 과장. 아침 일찍부터 무슨 일이야?"

"아, 네⋯. 죄송한데요, 저 반차 좀 써도 되겠습니까? 연차는 아직 많이 남아 있습니다. 죄송합니다. 반차 신청서는 오후에 작성하도록 하겠습니다."

"어. 많이 안 좋아?"

"아⋯. 네⋯. 좀 안 좋습니다."

"알겠어. 오후에 봐."

"네. 부장님. 빨리 가도록 하겠습니다."

이 부장은 전화를 끊고 이렇게 생각했다.

'조 과장, 여름휴가도 못가고 매일 야근하더니 결국 탈이 났군…. 빨리 몸을 추슬러야 할 텐데….'

하지만 이 부장의 걱정을 한 몸에 받은 조 과장은 휴게소 식당에 들어가 튀김우동 한 개를 말끔하게 해치운 뒤, 가벼운 마음으로 차에 올라 콧노래를 흥얼거렸다.

02

모범 사원
조 과장의
발칙한 하루

오늘 같은 날을 위해 조 과장은 벌써 5
년째 여름휴가를 가지 않았다. 실제로 회사업무가 바쁘기도 하지만,
그보다는 여름휴가로 연차를 다 써버리면 정작 이런 천재일우의 경매
건이 있을 때 시간을 낼 수가 없기 때문이다.

평일에도 정시 퇴근은 꿈도 꾸지 않았다. 부장님 포함하여 부서 내
의 모든 직원이 퇴근한 것을 확인하고 나서야 회사를 나섰는데, 이것
또한 정말 중요한 순간에 눈치 보지 않고 시간을 내기 위한 고육지책
이었다.

그런데 우습게도 조 과장의 이러한 행동은 원인과는 별개로 뜻밖의
효과를 불러왔다. 부장님을 비롯한 회사 간부들에게 조 과장은 '회사
를 위해 여름휴가도 반납하고 매일 늦은 시간까지 일하는 성실한 친
구'라는 인식을 받고 있었다. 과장 승진 때도 누락 없이 입사 동기들

보다 먼저 승진하는 기회도 잡았다.

휴게소에서 지체를 해서일까? 춘천 법원에는 아홉 시 삼십 분경에 도착하였다.

어느 법원이나 마찬가지이지만 입찰일에는 주차할 곳이 마땅치 않다. 법원 내부 주차장은 말할 것도 없고 법원 인근까지 차들이 빼곡히 들어찬다. 조 과장은 법원 주변을 서너 바퀴 돈 후에야 겨우 자리를 찾아 주차했다. 그 뒤 경매정보지를 챙겨 들고 경매계가 있는 곳으로 서둘러 걸음을 옮겼다.

입찰장에는 저번 주말에 만났던 임차인이 기다리고 있었고, 임차인을 만나 같이 경매법정에 들어갔다. 낙찰이 되면 바로 이 임차인과 가계약을 맺기로 현장 확인할 때 이미 약속을 한 터였다.

개찰이 시작된 후 한참의 시간이 지나 조 과장이 입찰한 물건이 개찰로 올라왔다. 매수신청인은 총 4명인데 그중에서 조 과장이 최고가매수신청인*으로 호명되었다. 성공이다!

기쁜 마음으로 법원을 나서며 시계를 확인하니 벌써 시간이 열두 시를 지나고 있었다.

'이런. 평소보다 많이 지체되었는데….'

● 입찰에 참여한 사람들은 매수신청인이라 하며, 최고가매수신청인은 이 중 가장 높은 가격으로 입찰한 사람이다. 특별한 결격사유가 없다면 대부분 최고가 매수신청인이 매수인이 되어 낙찰을 받을 수 있게 된다.

점심식사 시간이었지만 밥을 먹을 시간이 없다. 서둘러서 회사로 복귀해야 한다. 조 과장은 최고가매수신청인이라는 증명인 '입찰보증금 영수증'을 품에다 집어넣으며 바삐 걸음을 옮겼다.

◇ ◇ ◇

사무실에 도착하니 시간은 한 시 이십오 분을 지나고 있었다.

대부분의 직장이 그렇겠지만, 직장의 점심시간은 열두 시부터다. 하지만 엄격한 직장이 아니라면 대체로 열한 시 오십 분경쯤에는 다들 점심식사를 하러 나서려 분주하게 마련이다. 한 시에 딱 맞춰 자리에 돌아오더라도 화장실로 가서 양치질을 시작하고 조금 마음을 가다듬고는 한 시 십오 분이나 이십 분 정도부터 본격적으로 오후 업무를 시작하는 게 보통이다. 만약 흡연자라서 담배 한 대 정도 태운다고 하면 그보다 더 지체될 수도 있고.

조 과장이 아침에 춘천까지 갔다가 낙찰영수증을 손에 쥔 뒤 점심도 거른 채 부랴부랴 서둘러 사무실에 온 이유도 여기에 있다. 점심식사를 하고 커피를 마시거나 양치질을 하고 업무를 위해 자리에 앉는 부서 내의 다른 동료들과 위화감 없이 섞이기 위해서인 것이다. 물론 바쁘기도 하고 번거롭기도 하다. 반차가 아닌 연차를 낸다면 오늘처럼 시간에 쫓길 이유도 없다.

하지만 조 과장은 만약의 경우를 대비해 연차, 월차는 최대한 아껴두어야 한다고 생각하고 있다. 혹시라도 이번 건 같은 고수익의 경매

물건을 찾았는데 연차, 월차가 남지 않아서 놓치는 경우가 생기면 안 되니까.

그런데 조 과장의 고민과 달리, 부서 내 다른 동료들은 조 과장이 오전에 자리를 비운 것에는 별 관심이 없었다. 몇몇 사람은 조 과장이 자리에 없었다는 것조차 알아채지 못한 것 같았다. 한 시 삼십 분쯤에야 자리에 돌아온 이 부장도 두 시부터 시작하는 회의 자료를 검토하느라 정신이 없는 눈치였다. 조 과장이 "저 왔습니다"라고 인사를 해도 듣는 둥 마는 둥 고개만 한 번 까딱할 뿐이다. 자신이 꼭 필요한 큰일이라도 터진다면 모를까, 사무실의 상황은 늘 이런 식이다.

'다행히 자리를 비운 사이에 별일이 없었나 보군.'

조 과장은 속으로 이렇게 생각하며 이런 날마다 애용하던 회사 앞 분식점에 전화를 걸었다.

"네…. 이모. 라면 하나 김밥 하나 부탁해요. 십 분 있다 갈게요."

십 분 뒤 조 과장은 담배 한 대 피우러 나가는 척하며 분식집으로 달려가서 이모님이 차려놓은 라면과 김밥을 순식간에 해치우고 사무실로 돌아왔다.

그 뒤 일하는 내내, 주머니 속에서 만져지는 입찰보증금 영수증이 손에 잡힐 때마다 조 과장은 새어 나오는 웃음을 참느라 허벅지를 꼬집어야 했다.

03

저는
사장 아들이
아니라서요

 조 과장은 1997년 1월 1일자로 K건설
에 입사했다. 대학교 4학년 2학기 동안 십여 곳의 기업에 입사원서를
제출했고 그중 일곱 군데에서 서류전형에 합격했다. 다섯 군데의 회
사에 면접시험을 치르러 갔고, 개중 가장 건실하다고 생각되는 지금의
K건설 설계부에 입사를 했다. 곧 눈치채겠지만, 당시의 취업은 말하
자면 천운이었다. 만약 조 과장이 1년만 늦게 태어났더라면, 혹시 졸
업이 1년만 늦어졌더라면, 회사 여럿을 놓고 고르는 이런 호사스러운
취업은 어림도 없는 일이었다.

입사 직후, 조 과장의 한 달은 정신없이 지나갔다. 그룹 신입사원 오
리엔테이션, 회사별 신입사원 환영회, 층별 신입사원 환영회, 부서별
신입사원 환영회, 과장 이하 직원들 회식…. 어느 회사든 신입은 늘
겪는 통과의례로 스케줄이 가득 차 있었다.

그 뒤 어느 정도 시간이 지나 부서 내의 사람들과도 친하게 되었고, 대한민국 모든 신입사원의 주요 업무 중 하나인 복사에도 정통해졌다. 그리고 갓 신입 티를 벗은 사원이라면 으레 그러하듯, 복사기와 팩스의 작동 원리 및 자주 발생하는 고장의 유형과 수리방법에 대해 복사기를 수리하는 기사보다 더 잘 알게 되었다. 그렇게 평범하고 반복적이면서도 분주한 입사 1년 차의 일상을 보내던 어느 날.

대한민국이 발칵 뒤집히는 일이 발생했다. IMF였다.

저녁에 집에 들어가 씻고 뉴스를 보는데, 정부 관료들이 어두운 표정으로 회의하는 모습이 화면에 스쳐갔다. 나라가 위태롭다는 앵커의 걱정스러운 멘트도 이어졌다. 잠시 '무슨 일일까?' 하는 의문이 떠올랐지만, 적응하기 바쁜 그에게 그 이상 생각을 이어가는 건 벅찬 일이었다. 그저 멍하니 TV를 지켜보며 앉아 있다가 곧 잠에 빠져들었다.

그 뒤 며칠간 조 과장의 일상은 평소와 다름없었다. 하지만 연말이 가까워 오자 과장급 이상의 직원들이 삼삼오오 모여 이야기를 나누는 모습이 자주 눈에 띄었다. 화제는 주로 들리는 소문들 위주였다. 지금 공사가 진행 중인 현장들은 괜찮을 거다. 하지만 연말 혹은 연초에 공사가 끝나는 현장의 직원들은 대부분 회사를 나가게 될 거다 등등 내용도 대부분 흉흉했다.*

---

* 구조조정, 즉 흔히 말하는 정리해고 제도는 IMF 이후 처음으로 제도화되었다. 다만 정리해고의 기반이 되는 노동법 자체는 1996년 12월에 개정되었다. 믿기 힘들겠지만 그 이전에는 정리해고, 명예퇴직, 비정규직이란 말 자체가 흔하지 않았다.

'아니, 뭘 잘못한 것도 없는데 단지 지금 끝나는 현장에 속해 있다는 이유로 회사를 나가야 한다고?'

화가 날 만큼 황당한 내용이었지만 어둡고 무거운 분위기 탓에 그 말을 대놓고 하는 사람은 없었다.

그러던 어느 날, 부장이 직원들을 모두 불렀다. 회의를 하자고 한다. 침울한 표정으로 부장이 말을 꺼냈다.

"지금 간부회의 때 전달받은 내용인데…. 금년까지 부서별로 회사를 나가야 하는 인원수가 정해졌다."

부서 직원들은 놀란 눈으로 서로의 얼굴을 바라보기만 했다.

"우리 부서에서는 한 명이 퇴사, 또 한 명은 현장직으로 발령이 날 거다. 신입사원들은 열외고."

우리 부서에서는 미혼의 경리직원과 다른 회사에서 경력직으로 들어온 대리 한 사람이 희생양이 되었고, 그들의 환송회는 분위기가 아주 침울하였다.

다음 날 아침.

흡연실에서 연신 담배를 피우고 있는 과장님께 물어보았다.

"과장님. 그러면 저는 어떻게 되는 거예요?"
"야. 나도 내가 언제 어떻게 될지 모르는데 조 기사(건설회사에서는 사원을 '기사'라 부른다) 니가 어떻게 될지 내가 어찌 아냐?"

퉁명스러운 대답을 남겼던 과장님은 연말이 가고 연초가 돌아오자 책상 속에 있던 개인 사물을 박스에 담고 있었고 조 기사는 말없이 박스를 받아 들고 엘리베이터 앞까지 들어다 주었다.
뭐. 서로들 잘 가시라는 말도, 잘 있으라는 말도 없었다.
당시에는 낯설고 생소한 일이 자주 일어났다. 여태껏 경험해보지 못했던 IMF라는 괴물에 너도 나도 힘없이 당하기만 하던 시기였다. 그 시기가 얼마나 오래 지속될지 아무도 알 수 없었다. 어쩌면 끝없이 계속 될 것 같기도 했다.
조 기사는 그때부터 이런 생각을 하기 시작했다.

'아버지가 회사 오너가 아니라면 언제가 됐든 회사를 나가야 하겠구나.'

04

주식에 울고,
경매에 설레고

   불황으로 하나둘 회사를 떠나는 가운
데 조 과장은 어떻게 하면 불안한 미래를 대비할 수 있는가에 대해서
깊은 고민에 빠지게 되었다. 전공이 전공인 만큼 가장 먼저 떠오른 방
법은 '자격증'을 따두는 거였다. 그래서 기술계통 최고의 자격이라는
'기술사'자격에 도전하여 2년 만에 기술사 자격을 취득하였다.

그러나 고생 끝에 막상 기술사 자격을 취득하고 나니 새삼 이런 생
각이 들었다.

'기술사 자격이 있다고 회사를 죽을 때까지 다닐 수 있는 건 아니잖
아. 좀 더 다닐 뿐이지.'

그 당시, 그러니까 2000년대 초반은 주식 광풍이 불어오던 시절이

었다. 주변을 둘러보면 주식으로 얼마쯤 벌었다는 영웅담도 심심찮게 들어볼 수 있었다. 조 과장은 '그러면 주식이 답인가?'라는 생각을 했고, 덜컥 회사 1층에 있는 은행에 가서 마이너스 통장을 만들었다. 그리고 마이너스 대출금 200만 원으로 그날 바로 바이코리아 열풍의 주인공인 '현대증권' 주식을 샀다. 하지만 저녁에 퇴근하고 집에 들어오니 와이프가 뉴스를 보고 있었고, 뉴스 하단 자막에는 눈에 익은 '현대증권'이라는 단어가 떡하니 박혀 있었다.

정확한 내용까지는 모르겠지만 굉장히 안 좋은 뉴스라는 것은 직감으로 알 수 있었다.*

다음 날 아침 떨리는 가슴을 진정시키며 주식시세를 확인하였는데, 역시나.

눈앞이 깜깜해지는 것을 느꼈다. 그 당시 대기업 연봉이 2,000만 원 초반이었으니 한 달 월급보다 많은 돈이 눈 깜짝할 사이에 신기루처럼 사라진 것이다.

이후 몇 번의 사고팔고를 거쳐 200만 원은 10여만 원으로 바뀌어 있었고, 더는 와이프에게 속일 수가 없게 되어 이실직고하였으며, 그 이후 일은 여러분의 상상과 비슷할 것이다.

그런 일이 있은 후 조 과장은 주식에 대해 굉장히 많은 시간과 노력을 들여서 공부를 하였다. 가치투자, 기술적 분석, 일봉 주봉을 분석하

● 1999년도에 승승장구하던 바이코리아 주식은 IT버블과 함께 2000년도에 말 그대로 반토막이 났다.

는 방법, 워렌버핏, 피터린치, PER, ROE, PBR, EPS등등 당시 시중에 나와 있는 대부분의 책을 구입하여 기술사 자격 준비하듯이 치열하게 공부했다.

그리고 결론에 도달하였다.

'주식으로는 돈을 벌 수가 없구나.'

가치투자, 기술적 투자를 아무리 철저하고 정확하게 분석한다 해도 한밤중 월드트레이드센터에 비행기가 충돌해서 주가가 떨어지는 것* 까지 어떻게 예측하고 통제한다는 말인가. 이것은 인간의 영역이 아닌 것 같다고 생각하였다(하지만 주식의 '가치투자'에 대한 공부는 훗날 부동산 투자를 할 때 많은 도움이 되었다. 부동산 가격도 주식과 마찬가지로 내재되어 있는 그 부동산 고유의 '가치'에 수렴한다).

주식도 막히고 보니 달리 뭘 해야 할지 떠오르는 게 없었다. 이대로 회사의 노예로 살다가 나이 들어 쫓겨나고, 말년에 비참하게 살다가 가는 것밖에는 길이 없다는 생각에 일하는 동안에도 고민하는 시간이 늘어났다. 그렇게 침통한 나날을 보내던 2004년 즈음. 같은 부서에서 근무를 하던 차장님과 안산으로 출장을 갈 일이 생겼다. 출장을 가는 내내 차장님은 조수석에 앉아 졸고 있었고 초보운전인 조 대리는 차

---

* 2001년 9월 11일. 이날 일어난 테러의 여파로 전 세계의 주식시장이 대폭락했다.

장님 차를 운전하면서 혹시 사고라도 날까 온 신경을 집중하면서 잠원동을 출발하여 안산까지 도착하였다.

출장지에서 일을 마치고 나니 어둑어둑 저녁 무렵이 되었다. 같이 간 차장님이 안산 중앙동에서 자기 친구가 횟집을 크게 하니 저녁을 먹고 가자고 하였다. 결국 횟집에 간 조 대리는 꿔다놓은 보릿자루처럼 차장님과 친구가 떠드는 동안 숨을 죽이며 밥을 먹고 있었다. 그런데, 두 사람이 얘기하는 소리가 중간중간 귀에 들어왔다.

"야. 너 방배동에 단독주택 경매로 받았다며?"
"핫핫핫. 그려 두 달 전에 경매로 받았지."
"이야~ 돈 많이 벌었겠는데?"

그 후에도 두 시간 가까이 두 사람은 이런 얘기 저런 얘기를 나누었는데, 무슨 소린지 하나도 알아듣지는 못했지만 '경매'라는 단어는 또렷이 기억에 남았다.

'경매라는 것이 돈이 되는가 보네….'

돌아오는 길에 차장님께 경매라는 건 어떻게 하는 거냐고 넌지시 물어봤지만, 차장님은 "경매? 거 어려운 거야~"라고 한마디만 하고는 다시 조수석에서 곯아떨어졌다.

며칠 뒤 토요일, 오전근무를 마치고(그 당시에는 많은 회사가 토요일에도 오전에는 근무를 했다) 모두 퇴근한 후 조 대리는 사무실에 남아 인터넷으로 '경매'를 검색해보았다. 그리고 인터넷으로 검색하여 걸리는 내용을 모두 출력했다. 지금은 서점에 가도 경매와 관련된 책들이 넘쳐나지만 2004년 당시만 해도 서점에 경매 관련 책은 거의 없었고, 간혹 있다 하더라도 어려운 법률용어를 해설한 책들뿐이었다. 그러니 실제로 경매를 해본 사람들의 조언들을 구하려면 인터넷에 나온 내용들을 출력할 수밖에 없었다.

모두 출력을 해보니 전공서적 두께만큼의 분량이 되었다.

조 대리는 텅 빈 사무실에 혼자 남아 두꺼운 출력물들을 하나하나 보기 시작했다. 하지만 기대와는 달리 페이지 수는 많지만 중복되는 내용이 많았고, 가뭄에 콩 나듯 어쩌다가 한두 개씩만 실제로 필요한 내용들이 나왔다. 쓸데없는 내용은 버리고 필요한 내용들만 추리니 채 50장이 되지 않는 분량이었다.

'주식은 내가 어쩔 수 있는 게 아니었지. 하지만 혹시 경매는 내 인생을 밝혀줄지도 몰라.'

조 대리는 소중하게 출력물을 챙겨 어둑어둑한 거리로 나왔다. 집에 가기 위해서였다.

05

저걸 누가 사?
980만 원짜리 화곡동
반지하 빌라의 기억

 출력물을 읽고 또 읽은 뒤, 경매라는 것
이 어떻게 진행되는지 어렴풋이 감이 잡히고 나자 조 대리는 실제로
입찰을 해보기로 결심하였다. 목표는 화곡동의 빌라였다. 여기저기
서 공부하고 주워들어 보니 일단 현장에 가서 '임장'*이라는 것을 해
야 한다고 한다. 그 '임장'이라는 것을 하기 위해 조 대리는 주말에 놀
러 가자고 보채는 와이프와 아이를 떼어놓고 화곡동의 빌라를 찾아갔
다. 며칠간 퇴근 뒤에 밤늦게까지 검색하여 서너 개 물건들을 찾아놓
았고, 그것을 출력해놓은 종이도 소중하게 품에 챙겨 넣었다.

지하철을 내려 한참을 걸어가니 경매정보지에 나온 빌라가 눈에
들어왔다. 책과 인터넷 검색에서 얻은 지식으로, 여기저기 둘러보며

● 쉽게 말해 현장 조사다. 매물을 눈으로 직접 확인하는 걸 임장이라고 한다.

집 상태를 확인하였지만, 차마 경매로 나온 빌라의 초인종은 누르지 못했다.

어정쩡하게 서 있는데 마침 그 앞집에서 할머니 한 분이 나오시길 래 얼른 다가가서 말을 걸었다.

"아이고 할머니~ 안녕하세요?"
"누구셔?"

할머니는 한번 쓱 훑어보시더니 "경매 땜에 왔어?"라고 물으시고는 조 대리가 미처 대답할 말을 찾기도 전에 연신 설명을 늘어놓으셨다.

"집은 튼튼하게 잘 지어 놨는데, 장마철에 가끔 물이 들어올 때도 있지만 못 살 정도는 아니고, 반지하가 다 그렇지 뭐~ 나는 여기 쭉~ 살고 있지만 딱히 불편한 건 없고~"

아무튼 할머니 덕에 많은 것을 알고 가게 되었다. 그 외 찜해 놓은 다른 물건 하나는 2층에 위치한 빌라였는데, 지은 지 2년 정도밖에 안 된 신축빌라로, 지대도 높고 건물도 깨끗해 보였지만 감정가가 4,500 만 원이나 되었으니 당시 조 대리의 주머니 사정으로는 엄두를 내기 힘들었다.

그래도 시세를 알고 싶어 주변에 있는 부동산 사무소 몇 군데를 방 문하였다.

"신혼집을 구하는데요. 빌라 얼마 정도 해요?"

부동산 사장님이 보기에도 딱 신혼집 구하는 모양새였는지 신축부터 구옥까지 자세히 설명해주시면서 인근의 빌라 시세까지 브리핑해주신다. 감사의 말을 하고 나오면서 '아. 돈이 좀 있으면 2층 빌라를 입찰하고 싶은데…'라는 생각을 하였다. 하지만 수중에 가지고 있는 돈으로 입찰 가능한 물건은 딱 반지하 빌라였다. 감정가는 1,500만 원, 최저가는 64%로 960만 원인 물건이었다.

입찰일이 되어 조 대리는 회사에 얘기하고 입찰장에 갔다. 입찰장에 가서도 머릿속은 복잡하였다. 물이 샌다는데…. 반지하인데 세가 안 들어오면 어쩌나…. 별의별 걱정을 다 하느라고 입찰 내내 결국 용기를 내지 못하였고 입찰 마감시간이 지나버렸다. 그렇다고 그냥 가기도 뭐해서 조 대리는 그 물건이 어찌 되나 지켜보기로 했다.

약간의 시간이 흐르고 조 대리가 보고 있던 물건의 순서가 되었다.

숨죽이고 지켜보고 있는데, 단독입찰이었다.

조 대리보다 더 어린 친구가 앞으로 걸어 나갔다.

멍하니 그 모습을 지켜보고 있는데, 낙찰가는 980만 원이었다. 조 대리가 생각하던 금액은 1,000만 원을 조금 넘기는 금액이니 예상보다 싸게 산 셈이었다.

그때 조 대리의 뒤쪽에서 수군 수군대는 소리가 들렸다.

"에이그~ 저 반지하 빌라를 900만 원 넘게 주고 사다니 쯧쯧쯧. 젊은 친구가 안됐구먼~"

그 소리를 듣고 조 대리는 안도의 한숨을 내쉬었다.

'그래, 안 들어가길 잘한 거야.'

스스로 위안을 삼으면서 두 번째로 관심을 갖고 있던 물건도 낙찰되는 것을 지켜보았는데, 감정가 4,500만 원이었지만 4,100만 원 정도로 낙찰되었다. 저걸 산 사람은 아마 큰 이득을 보았을 거다. 아쉬움과 함께 그래도 좋은 경험을 했다고 위안을 삼으면서 조 대리는 사무실로 돌아왔다. 그리고 늘 그렇듯 바쁜 일과 속에서 그날의 기억은 희미하게 흐려졌다. 마침 그 즈음해서 신문과 TV에서는 '부동산은 이제 끝물', '경매는 이제 먹을 것이 없다'라는 보도들을 앞 다투어 쏟아내고 있었고, 조 대리 개인적으로도 지방 현장으로 발령이 나서 한동안 '경매'라는 단어를 떠올릴 겨를조차 없었다. 그렇게 그날의 기억은 그냥 추억 중 하나로 잊히는 듯했다.

06

바보는 바로 나?
980만 원짜리
반지하 빌라의 역습

 시간은 흘러 2006년. 조 대리, 아니 조 과장은 지방현장을 마무리하고 다시 본사에서 근무하게 되었다. 그리고 몇 달이 지나자 본사 업무도 익숙해졌고 주말에는 일 대신 가족에 쏟을 여유도 생기게 되었다.

하지만 둘째 아이의 출산과 함께 조 과장은 문득 이런 질문을 떠올렸다. 아이를 대학까지 졸업시키려면 자신이 몇 살까지 일을 해야 할까라는 의문이었다. 가만히 계산을 해보니 둘째 아이가 대학을 졸업할 때쯤 자신의 나이는 62세였다.

'62살? 그 때까지 회사에서 나를 남겨둘까?'

물론, 답은 '아니다'였다. 조 과장은 문득 예전 IMF 당시에 들었던 불안감이 다시금 자신을 엄습하는 것을 느꼈다.

주변을 돌아봐도 조 과장이 근무하는 회사에서 정년 55세까지 채우고 퇴사한 사람은 상무 이상급의 임원을 제외하고는 단 한 사람이 있을 뿐이었다. 회사에는 직급정년이란 게 있었지만 그분은 운 좋게도 (?) 승진할 때 한두 번씩 누락되는 바람에 부장으로 정년까지 근무를 하였다고 한다. 그 외의 사람들은 이런 이유, 저런 사연들로 인하여 50대 초반에 대부분 회사를 퇴직하는 것이 현실이라는 걸 알게 되었다. 게다가 조 과장이 다니는 회사는 여느 회사에 비해 형편이 좋은 쪽인데도 그랬다. 62살까지는 일해야 하는데, 예상 퇴직은 그보다 무려 10년이나 빨랐다. 그러다 문득, '단 하루의 좋은 경험'으로만 남았던 경매에 대한 기억이 다시 떠올랐다.

조 과장은 예전에 가입했었던 경매 사이트에 다시 접속을 하였고, 예전에 찾아봤었던 화곡동 빌라들을 검색해나갔다. 임장도 했었기에 지역을 좀 알고 있기도 했고, 내심 시세가 어떻게 변했을지 궁금하기도 했다. 하지만 그 결과 조 과장이 얻은 건 놀라움과 씁쓸함이었다.

2~3년 전에 감정가가 4,500만 원~5500만 원이었던 빌라들의 감정가가 8000만 원~1억 원으로 변해 있는 것이었다. 2004년 당시에 많은 관심을 가지고 있었던 2층 빌라와 비슷한 위치, 크기의 빌라 가격을 확인한 조 과장은 밖으로 담배를 피우러 나가고 말았다.

2004년 당시에 감정가 4,500만 원에 낙찰가 4,100만 원이었던 물건 정도가 2006년 말인 지금은 8,000만 원으로도 구하기가 어려운 정도가 되어 있었다. 그 당시 빚이라도 내서 샀더라면 아마 지금은 두 배의 이득을 보았을 터였다. 하지만 더 큰 놀라움은 따로 있었다. "저 반지하 빌라를 900만 원이 넘게 주고 사다니 쯧쯧쯧. 젊은 친구가 안 됐구먼~"이라는 소리를 들었던 반지하 빌라의 가격대는 3,000만 원을 훌쩍 넘기고 있었다. 저 정도 빌라는 살 돈도 있었고, 입찰한 사람도 한 명뿐이었는데 조 과장은 불안감 때문에 사지 않은 걸 오히려 다행으로 생각하고 있었던 것이다.

'아. 그때 했어야 했는데….'

아쉽기도 하고 화가 나기도 해서 담배를 찾아들고 밖으로 나가려 하는데 마침 TV뉴스에서 부동산에 대한 뉴스가 흘러나왔다.

"부동산은 버블로 인하여…."
"부동산으로 돈을 버는 시대는 끝났습니다."
"경매로는 먹을 게 없습니다."

조 과장은 순간 들고 있던 담배를 자기도 모르게 꺾어버렸다.

'아니 누가 일부러 저러는 거 아냐? 지네만 돈 벌려고? 한번 속지 두 번은 안 속는다고!'

07

아직 나에겐
직장이
필요해

 여러분이 직장을 나올 수 있는 길은 단 두 가지밖에 없다.

한 가지 길은 '회사에게 더 이상 여러분이 쓸모가 없어졌을 때'다.

그리고 다른 한 가지 길은 여러분이 '직장을 다니지 않아도 지금 받는 연봉만큼의 수입이 생기는 때'다.

대부분의 직장인들은 첫 번째 경우인 '회사에게 더 이상 여러분이 쓸모가 없어졌을 때' 회사를 나오게 된다. 하지만 이 책을 읽고 계신 분들은 아마도 두 번째 경우를 생각하시는 분들일 것이다. 직장을 다니지 않아도 될 때, 다시 말해 '여러분에게 더 이상 회사가 쓸모가 없어졌을 때'다. 사람들에게 나는 이 길을 흔히 '진정한 자유인이 되는 길'이라 설명한다.

진정한 자유인이란 어떤 것을 말하는 걸까? 사람에 따라 표현이 다를 수 있겠지만 필자의 강의를 들으시는 분들께는 늘 다음과 같이 말해왔다.

"똥 싸고 싶을 때 똥 쌀 수 있는 자유, 집 밖으로 나가고 싶을 때 나가고, 들어오고 싶을 때 들어올 수 있는 자유, 졸릴 때면 자고 잠이 깨면 일어날 수 있는 자유"라고 말이다.

조금 동물적이다 싶은 느낌도 있지만, 회사에 다니고 있는 분들이라면 공감할 만한 얘기일 거라 생각한다. 예를 들어, 오늘따라 배가 너무 아파서 화장실에 가고 싶은데 회의 시작 시간이 7분 정도 남았다. 그리고 그 회의에서 여러분의 직급은 중간 정도의 위치다. 이런 경험 혹시 없는가? 아니면 배가 아파서 화장실에 앉아 있는데, 회의 시간이 5분밖에 안 남았던 기억은? 더 확실하게 짚어보면, 아침 출근 시간에 늦을까봐 아침식사를 거르거나 버스, 지하철을 타기 위해 사력을 다해 뛰어보신 경험은? 인간이 아닌 동물들도 기본적으로 누리는 '먹고 싸는' 자유를 여러분은 지금 누리고 있는지 생각해보자.

당신은 '자유인'인가?
이름만 바뀐 '노비'아닌가?

필자의 생각에 모든 회사원들은 큰 상점(대기업)을 운영하는 '정 씨'

나 '이 씨'집안의 노비이거나 그보다 작은 상점(협력회사)을 운영하는 사람들의 노비이지 않나 싶다. 게다가 노비들 사이에서도 위아래가 있어서 큰 상점의 노비들은 작은 상점의 노비들을 무시해대기 일쑤다. 그게 자본주의가 극대화된 요즘 시대에나 생겨난 관행일 거라고? 조선시대에도 큰 상점의 노비들은 작은 상점의 노비들을 무시했다고 한다. 물론 지금 시대도 그때나 마찬가지다.

그러니 직장을 벗어나 자유인이 되는 것, 그것은 단순히 행복을 위해서가 아닌 자기 자신의 존엄을 되찾기 위한 과정도 되는 것이다. 하지만 정의감에 부르짖어 갑자기 두 주먹을 불끈 쥐고 소리를 높이거나, 자신을 노비로 부리는 회사를 뛰쳐나가서는 절대로 안 된다. 신분 차별이 평범하던 시절에, 주인에게서 도망친 노비에게는 전 사회의 징계가 무차별로 쏟아졌다. 지금은 사회 자체가 도망친 노비를 제대로 된 구성원으로 받아들여주지 않는다.

돈만 없는 사람은 국가가 내는 사회 통계에서 국가의 배려를 받아야 할 대상으로 분류된다. 하지만 돈도 직장도 없는 사람은 애초에 제대로 된 사람 취급조차 받지 못한다. 기껏해야 '돈은 없지만 직장은 있는' 배려 대상으로 갱생시킬 모자란 무언가의 취급을 받을 뿐이다. 대부분의 사람들에게, 직장은 당신을 인간이게 하는 최소한의 조건이다. 오직 예외가 있다면 '돈이 있고 직장은 없는' 행복한 자유인들뿐이다.

그러니 아직 자유인이 되지 못한 당신, 준비 없이 직장을 버려선 안된다. 정상에 오르기 전에 베이스캠프가 필요하듯, 아직 자유인이 되긴 전의 당신에겐 직장이 반드시 필요하다. 오히려 회사에 머물며, 회사에서 얻을 수 있는 모든 이득을 활용해 자유인이 되기 위한 준비를 해야 한다. '직장을 다니지 않아도 지금 받는 연봉만큼의 수입이 생기는 '그날'이 올 때까지.

08

경매를 하면서
직장을 다녀야 할
5가지 이유

연봉만큼의 수익 구조를 만들기도 전에 직장을 그만두면 여러 가지의 위험에 빠질 수 있다. 만약 경매를 할 생각이라면 특히 다음과 같은 위험에 추가로 빠질 수도 있다. 우선 한번에 서술하고, 다음에 하나씩 차근차근 설명하겠다.

첫 번째, 재직증명서를 뗄 수가 없어서 대출이 안 된다.

두 번째, 안정적인 수입이 없어지면 경매 시 수반될 수 있는 대출에 대한 이자를 감당할 수 없게 된다.

세 번째, 조급하여 실수를 하게 된다.

네 번째, 심리적으로 위축되어 자신감을 잃게 된다.

다섯 번째, 지속적으로 경매를 할 수 있는 기반이 없어진다.

첫 번째, '재직증명서를 뗄 수가 없어서 대출이 안 된다'는 것. 만약 이것을 대수롭지 않게 생각하시는 독자라면 아직 투자의 경험이 많지 않은 사람일 가능성이 높다. 대출하지 않고 갖고 있는 돈만으로 경매에 도전하겠다고? 월급쟁이가 아무리 돈을 모아봐야 투자라는 세계에서는 어차피 푼돈이다. 그리고 푼돈으로는 얻을 수 있는 수익도 그리 크지 않다. 만약 당신이 충분한 수익을 낼 수 있는 큰 액수의 종잣돈을 미리 갖고 있다면, 솔직히 말해 경매 말고도 돈 벌 수 있는 방법은 많다. 아니, 애초에 모험하지 않아도 먹고살 걱정 없이 삶의 여유를 누릴 수 있는 복 받은 집안의 자식인지도 모른다. 하지만 보통 직장인은 그러기 어렵다.

경매의 경험이 늘어나 권리분석이나 판례, 소송 등에 대한 지식이 쌓이게 되어 '특수물건'을 자유자재로 요리할 정도의 수준이 되기 전까시(특수물건은 어차피 대출이 안 된다) 경매는 필수불가결하게 '대출'을 이용한 투자를 하게 되는데, 만약 회사를 다니지 않는 사람이라면 금융권에서는 당신에게 쉽게 대출을 해주지 않는다. 사실 회사를 갓 나와 투자를 하는 사람들이 초기에 가장 어려움을 겪고, 때로 모욕감도 느끼게 되는 때가 바로 이 대출이 안 될 때이다. 신규 대출도 그렇지만 기존에 가지고 있던 대출 또한 직장이 없다면 대출연장이 되지 않는 경우가 대부분이다. 다달이 들어오는 월급이 사라진 상황에서 대출연장까지 되지 않으면 큰 낭패가 아닐 수 없다. 심지어 대출 금액이 목돈이라면 더더욱.

두 번째, 안정적인 수입이 없어지면 경매 시 수반될 수 있는 대출에 대한 이자를 감당할 수 없게 된다. 이 말이 굳이 설명할 필요도 없이 이해할 수 있을 것이다.

경매를 하게 되면 대부분 아래와 같은 수순을 밟게 된다.

주거용 건물 ➡ 상가 ➡ 토지 ➡ 선순위 임차인 ➡ 법정지상권 ➡ 지분 ➡ 둘 이상의 특수권리가 복합된 물건

경매를 처음 시작할 때, 대부분의 입문자들은 주거용 건물부터 시작하게 되는데, 위에 나온 표 중 '주거용 건물'부터 '토지'까지가 일반 물건으로 분류되고 '선순위 임차인'부터 '둘 이상의 특수권리가 복합된 물건'까지가 특수물건으로 분류가 된다. 여기서 '둘 이상의 특수권리가 복합된 물건'까지 경험한 경매인은 앞쪽에 있는 주거용 건물이나 상가, 토지에 대해서는 특별한 이유가 없는 한 그리 큰 관심을 갖지 않게 되는데, 아무래도 수익률이나 경쟁률에서 위 표의 앞단에 위치한 것들보다는 뒤쪽에 있는 것들이 좋기 때문이다.

하지만 이제 막 경매에 뛰어든 입문자라면 당연히 첫 단계인 주거용 건물이나 상가, 토지부터 시작을 해야 한다. 반드시 첫 단계부터 시작해서 순서대로 진행해야 한다는 법칙이 있는 것은 아니다. 하지만 처음 몇 번은 주거용 건물이나 상가 등에 대한 입지분석, 입찰, 낙찰, 임대, 매도 등에 대한 경험을 해보는 것이 전체적인 부동산시장의

흐름이나 입지분석, 임대, 매도에 대한 스킬을 익히는 데 많은 도움이 된다. 그리고 그 과정에서 판례나 법률적인 지식이 점점 늘어나게 되고 자연스럽게 마지막 단계인 특수물건 쪽으로 이동을 하게 된다.

이미 자신이 앞단을 섭렵한 뒤 뒷단에 접어든 사람이라면 상관없지만 이제 갓 앞단을 시작하고 있는 직장인이라면 보통은 대출을 이용한 레버리지로 경매투자를 하게 마련이다. 천 번째 위험인 대출은 어떻게든 넘겼더라도, 월급이 사라진 상태에서는 매달 돌아오는 이자비용이 엄청난 부담으로 다가올 것이다.

세 번째, 조급하여 실수를 하게 된다. 평범한 말인 것 같아도 경매에서는 무엇보다 중요한 게 바로 심리 상태다. 이 글을 읽고 있는 대부분의 직장인들은 가정에서 중요한 경제의 축을 담당하고 있을 것이다. 외벌이를 하는 경우야 당연하고, 배우자가 맞벌이를 하는 경우에도 이미 가정경제의 흐름이 여러분이 직장에서 벌어오는 수입을 감안하고 돌아가고 있다. 그러니 직장에서 정기적으로 나오는 월급이 중단된다는 것은 한 가정 내에서 중대한 위기임에 틀림없다.

고정적으로 나오던 월급이 중단되게 되면, 처음 몇 달은 버티지만 시간이 지나면 알게 모르게 여러 가지 균열이 발생하게 되고, 집에서 언성을 높이는 일도 잦아질 것이다. 그런 일이 없더라도, 소득은 없는데 소득이 생길 기약은 없는 상황을 태연스레 버틸 수 있는 사람은 무척이나 드물다. 그 상황에서 경매에 뛰어들어버렸다면 조급함이라는 페널티가 자동으로 머릿속에 장착되고 만다. 빨리 경매로 돈을 벌어

안정감을 찾고 싶은 생각이 오히려 판단을 그르치게 만드는 것이다. 입찰장에서도 주변을 돌아보면, 심리 상태 때문에 손해를 보는 사람을 적지 않게 발견할 수 있다.

너무도 간단한 권리분석상의 내용을 귀신에 홀린 듯 못 보고 지나가는 경우나 임장에서 엉뚱한 물건을 보고 오는 경우는 그나마 낫다. 입찰장에서 가끔 생기는 일인데, 입찰금액에 0을 하나 더 써넣어 입찰하는 분들도 있다. 그럴 때는 입찰장 사람들의 동정 어린 시선을 한 몸에 받게 되는 주인공이 되어버린다. 물론 히어로물이 아닌나 비극의 주인공이.

네 번째, 심리적으로 위축되어 자신감을 잃게 된다. 경제적으로 준비가 되어 있지 않은 상태에서 직장을 다니지 않고 경매투자를 하게 되면, 일반적인 퇴직자들이 겪는 모든 일들을 똑같이 겪게 된다. 세 번째가 조급함이라면 그다음은 심리적 위축감이다. 게다가 이건 조급함보다 더욱 위험하다.

위축감은 퇴직을 하고 얼마의 시간이 지나고 나면 자연스레 생겨난다. 스스로의 선택으로, 희망찬 미래를 바라며 회사를 뛰쳐나왔다는 사실을 어느새 망각해버리고, 바삐 움직이는 다른 사람들의 모습을 바라보면서 자기 자신이 쓸모없고 아무도 자신을 필요로 하지 않는다는 자괴감에 빠지게 된다.

회사에 다닐 때는 시도 때도 없이 울리던 핸드폰의 벨소리도 퇴직 후 일주일만 지나면 하루에 한두 통 울릴까 말까 하는 자명종처럼 바꿔버리고, 그나마 오는 전화라 해봐야 보험사나 통신사 광고인 경우가 대부분이다. 그동안 쌓아놓은 인맥이 무색하게, 지인들 대부분은 직장인이기 때문에 당신을 만나거나 점심식사 정도 같이 하는 것도 몇 번을 넘으면 곤란해 한다. 물론 퇴직을 하더라도 무언가 바쁘게 일을 하면 이러한 고민들을 할 필요가 없겠지만, 사실 경매라는 투자는 그런 분주함과는 거리가 멀다.

입찰 전에 반나절 정도 임장하고 입찰일에 반나절 정도 시간 내서 입찰하고, 그로부터 한 달 이상의 시간이 지난 다음에야 잔금을 내고 그 이후 명도하는 데도 며칠 정도면 충분하다. 임대나 매도도 직접 하는 것이 아니라 인근 부동산사무소에 의뢰를 하여 진행된다. 한 건의 경매물건을 진행하는 데 필요한 시간을 모두 합쳐 보면, 시간상으로야 3개월 이상이 걸리지만 그 3개월 중 경매 낙찰자인 당신이 투입한 시간은 다 합쳐도 5일을 넘기지 않는다. 90일 중 나머지 5일간은 그다지 할 일이 없는 것이다.

물론 시간 대비 소득이 큰 일이라 장점이라 할 수 있을지 모른다. 경매가 직장인에게 최적화된 투자 수단이라고 한 말도 여기에서 나왔다. 직장을 다니면서도 90일 중 5일 정도의 시간은 낼 수 있고, 더군다나 입찰장 참석을 제외하면 임장이나 명도, 임대 등의 나머지 작업들은 주말이나 공휴일을 이용해 할 수 있는 일들이다. 만약 월급만큼의 수익이 보장된 상태에서 경매를 계속한다면 이런 여유는 단점이 아니라 장점으로 다가온다. 그러나 고정된 수익이 없다면, 그런 여유는 조급함을 불러오는 단점이 될 뿐이다. 만약 경매로 일정 수익을 구축하지 못했다면, 아직은 직장에 다니면서 경매의 감을 쌓고, 수익을 구축하는 데 더 힘을 쏟기를 바란다.

다섯 번째, 지속적으로 경매를 할 수 있는 기반이 없어진다. 경매를 포함해서, 다른 여타의 재테크도 마찬가지로 누가 오래 버티는가, 누가 포기하지 않고 지속적으로 꾸준히 밀어붙이는가에 성패가 달려 있다. 경매도 투자이기에 실패의 가능성은 당연히 존재한다. 경매로 쌓아두었든, 고정된 월급이 나오든 안정된 기반이 있다면 한두 번의 실패쯤이야 툭툭 털고 회복하면 그만이다. 하지만 두 가지 모두 없이 경매에 도전하는 건 인생을 도박에 거는 짓이나 다름없다. 성공하면 기쁨도 클 테지만, 실패하면 인생이 사라지는 도박 말이다.

이 모든 단점들은 대부분 직장인이라는 안정된 자리, 월급이라는 안정된 소득원이 사라지기 때문에 생겨난다. 당신이 바라는 건 자유인이다. 그리고 자유라는 건 든든한 기반, 고정적이고 높은 소득원에서 나온다. 직장을 다니며 경매를 하는 이유도 자유인이 된 뒤 더 나은 삶을 획득하기 위해 하는 것이다. 만약 당신이 아직 자유인이 될 준비를 마치지 못했다면, 우선은 현재의 지위를 지켜야 한다. 지금의 직장에 충성을 다하고, 틈틈이 경매를 시도하며 '예비 자유인'인 직장인의 자리를 악착같이 사수하여야 한다.

절치부심하며, 그날이 올 때까지.

경매에 뛰어들기 전에
알아두어야 할 것들

01

경매는
투기가 아니라
투자다

필자가 주위의 지인들에게 가장·많이 하는 말이 바로 투자와 투기를 구별하라는 조언이다.

투자와 투기의 차이점은 무엇일까? TV 뉴스나 신문 기사에서도 어떨 때는 부동산투자라고 하고 또 어떨 때는 부동산투기라고 한다. 싸게 사서 비싸게 파는 걸 보면 별다를 것 없어 보이는데, 묘하게도 언론은 그 둘을 신경 써서 구분하고 있다. 우선 사전에서는 투기와 투자를 다음과 같이 정의한다.

투기 [投機]

1. 기회를 틈타 큰 이익을 보려고 함. 또는 그 일.

2. 시세 변동을 예상하여 차익을 얻기 위하여 하는 매매 거래

투자 [投資]

1. 이익을 얻기 위하여 어떤 일이나 사업에 자본을 대거나 시간이나
   정성을 쏟음.
2. 경제 이익을 얻기 위하여 주권, 채권 따위를 구입하는 데 자금을
   돌리는 일.
3. 경제 기업의 공장 기계, 원료·제품의 재고 따위의 자본재가 해
   마다 증가하는 부분.

[출처: 표준국어대사전]

국어사전의 해설을 봐서는 도대체 그 둘의 차이점을 알 수가 없다. 다만 투기의 '기' 자는 기계나 장치를 뜻하는 기[機] 자이고 투자의 '자' 자는 재물을 뜻하는 자[資] 자라는 것뿐 어떤 점이 다른 것인지 알 방법이 없다. 애초에 내가 설명하려는 투기와 투자의 차이도 사전적인 차이와는 그다지 큰 관련이 없다.

필자가 생각하는 투기와 투자의 차이점은 다음과 같다. 일반 투자자가 보는 투기와 투자의 차이점이라고 해도 좋겠다.

투기는 오를지 내릴지, 돈을 벌지 잃을지 '내'가 알지 못하는 것이고, 그 변동에 수반되는 수많은 변수들을 통제할 수 없는 것이다. 쉽게 말해 상품의 가격이 오를지 혹은 내릴지 상품 자체의 가치만으로는 알 수 없다.

투자는 오를지 내릴지, 돈을 벌지 잃을지 "내"가 알 수 있는 것이고,

그 변동에 수반되는 변수를 통제할 수 있거나 인지하고 있는 것이다. 그러니까 상품의 가격이 오를지 혹은 내릴지를 상품 자체의 가치와 견주어 판단할 수 있으며, 상품 자체의 가치를 올리는 방법도 시도해 볼 수 있다. 무엇보다 수익률도 스스로 판단하고, 스스로 결정한다.

먼저 투기에 대해서 예를 들어보자. 여러분들과 여러분들 주위 분들이 많이들 하시는 주식투자가 투기일까, 투자일까? 혹시 지금 주식투자를 하고 있다면 이렇게도 질문을 던져보겠다. 만약 여러분께서 어떤 주식을 매입할 때 그 주식의 가격이 앞으로 상승할지 내려갈지 여러분은 알고 있는가? 알고 있다면 그 근거는 어느 정도 확실한 내용인가? 그리고 그 변동에 수반되는 변수들을 스스로 통제할 수 있는가? 그 주식의 대주주들이나 심지어 그 회사의 오너조차 향후 주식가격이 상승할지 내려갈지에 대해서는 확신이 없을 것이다.

다른 예로 서울 강남의 대표적인 재건축대상 아파트인 '은마아파트'가 있다. 여러분은 이 은마아파트의 재건축이 언제 시작될지, 언제 공사에 착수해서 언제 완료가 될지 알 수 있는가? 알고 있다면 그 근거는 어느 정도 확실한 내용인가? 은마아파트의 재건축을 기대하고 10여 년 전에 자신의 돈을 쏟아부으셨던 분들은 지금 어떤 상태에 놓여 있을까?

투자에 해당하는 예를 들어보자, 주식에서 자주 쓰는 가치투자라는 말을 다들 들어보셨을 것이다. 주식의 가격은 그 회사에 현재 내재되어 있거나 미래에 확보할 수 있는 가치를 좇아간다는 내용이다. 만약 주식의 가격, 그러니까 현재 발행된 해당 회사 주식 액면가의 총합이, 현재 내재되어 있거나 미래에 확보할 수 있는 가치의 가격보다 낮다면 그 주식의 가격은 앞으로 올라갈 것이고, 그 반대의 상황이라면 그 주식의 가격은 앞으로 내려간다.

만약 당신이 주식투자를 결심한 사람이라고 가정해보자. 주식투자자가 된 당신은 다음과 같은 문제를 해결해야 한다. 과연 지금 사려고 하는 이 주식의 가격이 해당 회사의 내재가치와 미래가치를 계산했을 때 비싼가, 아니면 싼가? 이것을 계산하고 검증할 수 있다면 당신은 주식 '투자자'다.

하지만 내재가치와 미래가치를 완벽하게 계산하고 검증했다 하더라도 대한민국이 깊은 잠에 빠져 있는 한밤중 월드트레이드센터에 비행기가 충돌하여 주가가 폭락하는 것까지는 예상하지 못한다. 실제로 필자가 겪었던 일이고, 그래서 필자는 주식의 가치투자를 개인의 능력으로 가능한 일이라고 생각하지 않는다.

재건축 또한 마찬가지다. 수많은 변수와 수많은 이해관계들이 복잡하게 얽혀 있는 복마전 같은 재건축사업에서 일개 조합원 정도에 불과한 개인이 무엇을 통제하고 무엇을 인지할 수 있겠는가? 필자는 재건축, 재개발투자가 과연 투자일까라는 점에 의문을 가지고 있다. 물론 재건축과 재개발로 단기간에 고수익을 올릴 수는 있다. 하지만 어쩌면 그것은 '투자'라는 이름만 그럴듯하게 붙이고는 개미투자자들이나 일반 서민들의 소중한 자금을 갈취하려는 속임수가 아닐까?

그렇다면 필자가 생각하는 '투자'는 어떤 것이 있는지 이야기하도록 하자. 당연히 경매투자, 즉 부동산에 관한 내용이다. 그런데, 부동산의 가치투자도 주식의 가치투자에 대해서 이야기한 것과 크게 다르지는 않다. 모든 부동산이 같은 시점에 일률적으로 가격이 올라가는 것도 아니고, 내려가는 것도 아니다. 다만 내재되어 있는 가치를 좇아갈 뿐이다. 빈 곳은 채워진다는 자연의 이치와 같은 것이다. 다른 점이 있다면 가치평가의 난이도다.

주식과 다르게 부동산은 그 가치평가를 보다 쉽게 할 수 있다.
주식처럼 수많은 자료를 검토할 필요가 없다.
부동산에서 내재되어 있는 가치판단의 첫 번째 기준은 수익률이다.
수익률은 다시 말해 투자한 돈에 대비한 이익의 비율이다. 이건 사칙연산만 할 수 있으면 검토가능하다. 매매를 할 때는 스스로 수익률을 정하기 힘들지만 경매를 할 때는 스스로 수익률을 정할 수 있다. 예를 들어보자. 한때 경매의 꿈을 꾸게 했고, 잠시 필자를 좌절감에 빠뜨렸던 화곡동 2층 빌라다.

화곡동 빌라의 경우, 2004년도 당시로 봤을 때, 시세는 4,500만 원. 보증금 500만 원에 월세 50만 원이 임대시세다. 즉,

월세 12개월 = 연 수입

(연 수입 ÷ (가격 − 보증금)) × 100 = 수익률

여기에 수치를 넣어 계산하면 다음과 같다.

월세 50만 원 × 12개월 = 연 수입 600만 원

(600만 원 ÷ (4500만 원 − 500만 원)) × 100 = 수익률 15%

만약 이 물건을 4,100만 원으로 입찰가를 산정해서 낙찰을 받은 사람은 공식에 따라 연 17%의 수익률을 달성하게 된다. 이때 입찰가를 4,100만 원으로 할지 3,500만 원으로 할지는 입찰자 스스로 결정한다. 즉, 자신의 수익률을 자기가 결정하는 것이다. 수익을 극대화하기 위해 3,500만 원으로 입찰가를 산정하여 패찰, 즉 떨어졌다면, 보증금 돌려받고 집에 오면 그만이다. 이럴 때 손해 본 것은 시간뿐이다. 대신 시간만큼 소중한 경험치라는 것을 얻게 된다.

예를 하나 더 들어보자. 이 책의 후반부에 소개할 필자의 2008년 투자사례로, 분당에 있는 아파트다.

낙찰가: 1억6천7백5십만 원

취등록세: 380만 원

도배장판 등: 50만 원

부동산중개료 등: 120만 원

투자비(총합): 1억7천3백만 원

대출 80%(제2금융권): 1억3천만 원

이제 계산에 들어가자.

실제 투자비 : 1억7천3백만 원 − 1억3천만 원 = 4천3백만 원

매도를 1억9천만 원에 했으니 차익은 1천7백만 원(세전)이다. 6개월 만에 연 39%의 수익을 올렸다(세전).

이런 경우에는 입찰가 산정을 이런 식으로 한다.

매도예상가 − (비용 + 이익금) = 입찰가

여기서 비용은 취등록세 + 수리비 + 부동산중개료다. 즉,

1억9천만 원 − (380만 원 + 50만 원 + 120만 원 + 이익금 1,700 만 원) = 입찰가 1억6천7백5십만 원

여기에서 이익금을 500만 원으로 할지 1000만 원으로 할지 당신의 결정에 따라 당신이 적을 입찰가격이 정해진다. 만약 그 가격으로 낙

찰이 된다면, 처음 결정했던 이익금이 확정이 되는 것이다. 즉, 낙찰 = 수익 확정이다. 필자의 경우에는 이익금을 1,700만 원으로 정했고, 그 결과 1억6천7백5십만 원이라는 입찰가가 정해졌다.

'이익금'은 다른 누가 아닌 입찰자인 본인이 결정하는 것이다. 낙찰 이후의 아파트 가격은 상승하든 하락하든 내가 통제할 수 있는 것이 아니므로 생각을 하지 않는다. 낙찰이 된 순간 이익은 확정되고, 그 뒤에 고민할 일은 별로 없다. 하지만 이것이 투자가 아닌 투기라면 입찰은 끝이 아닌 시작이 될 것이다. 그리고 전혀 예측할 수 없고 통제도 할 수 없는 이유에 따라 오르고 내리는 아파트 가격을 보며 속절없는 가슴앓이를 계속해야만 한다. 대단한 빽이 있거나, 엄청난 비리 관계자들과 연이 닿아 일반인은 알 수도 없는 확정된 정보라도 입수하지 않는 한 이런 일은 피할 수 없다. 그리고 그 확정된 정보조차, 언론의 폭로나 내부의 배신, 그 외 예측할 수 없는 변수들로 순식간에 휴지로 변할 수 있는 게 투기라는 전쟁터의 난감함이다.

스스로 자신의 운명은 자신이 책임질 수 있다고 생각하는 당당한 사람이라면, 무엇보다 운이나 꼼수에 기대지 않고 안정적인 수익을 바라는 사람이라면, 당신은 투기가 아닌 투자를 해야 한다. 그것을 망각하는 순간, 당신이 선 곳은 경기장이 아닌 도박장이 되고 만다.

02

직장인 경매의 3가지 강점
빠른 수익, 원금 보전,
소액 투자

 직장인 경매에는 다른 투자와 비교우
위에 있는 3가지의 강점이 있다.

경매의 첫 번째 강점은 낙찰하는 순간 수익이 보장된다는 것이다. 대부분의 경매 건의 경우 이런 경우를 크게 벗어나지 않는다. 물론 명도나 협상, 임대, 매매 등의 과정을 거치면서 10% 정도의 가감이 있을 수 있지만 그 정도는 큰 영향을 주는 정도가 아니다. 애초에 낙찰 이후 부동산 가격이 오르든 내리든, 그것은 '나'의 통제 범위에 있지도 않고, 굳이 신경 쓸 필요도 없다. 통제할 수 없는 일에 신경을 쓰기 시작하면 자신의 결정을 믿지 못하게 되고 투자자에게 가장 중요한 지속적으로 밀고 가는 힘의 동력이 떨어지게 된다.

에픽테토스의 『인생을 바라보는 지혜』라는 책에 이런 구절이 있다.

'내 권한 밖에 있는 것을 바라고 있다면 불행해질 것이다. 다만 그 바람을 향해 매진하고 그것을 얻고자 하는 노력만 기울여라. 그리고 이렇게 노력하고 매진하는 가운데서도 늘 예외를 인정하고 거기에 지나치게 얽매이지 않도록 유의하라.'

경매투자에 익숙하지 않은 투자자는 경매가 아니라 평소 자기에게 가장 익숙한 형태의 부동산 투자 방식에 물들기 쉽다. 아파트나 땅 등을 사놓고 가격이 오르기를 기다리는 것이다. 하지만 이러한 패턴에 익숙해져 있다 보면 경매의 진정한 가치를 찾을 수가 없게 된다. 그래도 만약 자신이 무언가를 사놓고 오르기를 기다리는 것에 익숙한 사람이라면, 경매 물건을 찾을 때 개발 유망지 혹은 향후 반드시 오를 것으로 예상이 되는 지역을 정해서 경매 투자를 하면 되겠다. 어쩌면 경매의 장점인 시세보다 저렴하게 살 수 있다는 점과 개발유망지의 향후 가격상승으로 인한 수익까지 두 마리 토끼를 잡을 수 있을지 모르니까.

그런데 부동산이라는 게 특별한 변수가 없으면 대부분 내리지 않고 올라간다. 필자도 그동안의 투자를 돌이켜 보면 경매로 매입 후에 6개월이나 1년 내에 매도를 했을 때보다 2년~3년 정도 보유 후 매도를 한 경우가 수익률 측면에서도 월등한 것을 알 수 있었다. 부동산은 어찌 되었든 시간을 먹고 자라는 것은 틀림없어 보인다. 하지만 꼭 그것을 의도하고 경매를 진행할 생각까지는 들지 않았다. 그런 데까지 신경 쓸 여력이 있다면, 차라리 지금 하고 있는 경매에 쓰는 것이 맘도 편하고, 돌발 변수도 적으며, 수익도 안정적일 것이다.

경매의 두 번째 강점은, 통제 가능하고 원금이 보전된다는 것이다. 경매로 부동산을 매입한다는 것은 다른 종류의 투자나 재테크보다 통제가 가능한 부분이 가장 많다. 그리고 무엇보다 경매는 원금이 보전된다. 3장에서 설명하겠지만, 권리분석에서 단 2가지(소유권확보, 선순위 임차인)만 확인할 수 있다면 대부분의 경우 원금을 보전하지 못하는 사고는 생겨나지 않는다. 심지어 법정지상권이 성립이 되는 건물이 있는 물건에서 토지만 덜컥 낙찰받아서, 건물 철거도 못 하고 땅도 팔수 없는 사면초가의 처지에 몰렸다 해도, 다시 경매로 땅만 팔 수 있는 방법이 존재한다. 물론 그 정도까지 극단적인 위기 상황은 어지간해서는 만나기 어렵지만.

경매의 세 번째 강점은, 소액으로도 부동산투자가 가능하다는 것이다. 많은 직장인들이 부동산투자보다는 주식투자에 더 많이 도전한다. 주식은 인터넷으로도 어렵지 않게 시작할 수 있고, 적게는 수백만 원 정도의 평소 모아 놓은 쌈짓돈으로도 가능하기 때문이다. 필자 주변에서 주식투자를 하는 사람들을 직급별로 보면 보통 대리나 과장급 정도에서는 약 500만 원 정도의 금액으로 주식투자를 하는 경우가 많고, 차장 부장급 정도 되면 3,000만 원 전후의 금액으로 주식투자를 하는 경우가 가장 많았던 것 같다. 하지만 주식이 아닌 부동산투자라 하면, 대리나 과장급의 투자액 평균인 500만 원 선으로는 곤란할 것이다. 차장 부장급 정도 되는 3,000만 원 정도도 부동산이라는 이름 앞에서는 그렇게 많다고 하기 힘들다.

하지만 경매투자라면 이 금액으로 충분하다.

500만 원 정도의 소액으로 경매투자를 하는 방법은 크게 두 가지 방법으로 나눌 수 있는데, 하나는 경매를 갓 시작한 경매 초보자들도 할 수 있는 방법이고 다른 하나는 경매의 지식이나 경험이 쌓였을 때 할 수 있는 방법이다.

경매 초보자들이 할 수 있는 500만 원 미만의 경매투자 방법은 경락자금대출을 이용한 투자방법으로, 이 책의 3장, 「초수가 할 수 있는 아파트 물건 사례 & 권리분석」에 자세히 설명되어 있다. 잠깐 소개하자면 500만 원 미만의 종잣돈으로 가능한 경매투자 적용 대상은 인천, 부천, 수원, 용인, 의정부 등 수도권의 빌라와 지방 중소도시의 소형아파트이고, 특히 이들 중 최저가 3,000만 원 전후의 물건이 대상이 된다. 만약 3,000만 원 전후의 종잣돈이라면 대상이 훨씬 많아져서 최저가 1억 원 전후의 경매 물건까지 가능하다. 물론 덮어놓고 경매에 달려드는 건 좋은 방법이 못 되고, 시간을 들여 알아보는 편이 좋다. 약간의 운이 따른다면 비용 대비 제법 괜찮은 수준의 이익을 얻을 수도 있다. 필자가 경험한 예를 하나 들어보겠다.

인천에 거주하는 권영숙 씨는 남편이 몸이 불편하여 혼자서 작은 피자가게를 운영하며 가족의 생계를 책임지고 있는 분이었다. 2016년 여름, 권영숙 씨는 운영하던 피자가게만으로는 생계가 불안정하여 안정적인 월세수익을 올릴 수 있는 방법을 찾기 위해 필자에게 경매교육을 요청하였다.

필자는 경매교육시에 매번 관심물건을 3~5개 찾아오도록 하고 찾아온 물건에 대해서 권리분석과 물건분석을 해주며, 수익이 날 만한 물건은 교육 중에 입찰하여 낙찰 후에 진행되는 사항들도 교육을 받을 수 있도록 하는데, 권영숙 씨가 어느 날 아주 흥미로운 물건을 가져왔다. 경매정보 사이트에는 반지하 빌라라고 써 있었고, 건축물대장에도 지하층으로 등재가 되어 있던 물건이었다. 권영숙 씨에게 몇 가지 현장에서 확인해야 할 사항을 다시 알려주고 임장보고서를 작성하도록 하였는데, 그날 저녁 늦게 권영숙 씨가 현장에서 찍은 사진과 임장보고서를 보내왔다. 사진과 임장보고서를 보니, 공부상에는 지하층인데, 현장 확인을 해보니 베란다가 있는 거실 쪽은 지하가 아니고 1층이었다.

건축법상 지하층은 건물의 1/2 이상이 땅속에 묻혀 있는 경우를 지하층으로 적용하는데, 이 빌라의 경우, 출입문이 있는 쪽은 지하이지만 건물이 경사지에 위치한 관계로 반대방향인 거실 쪽, 즉 베란다가 있는 방향은 1층인 물건이었다.

권영숙 씨는 감정가의 70%가 약간 넘는 금액으로 낙찰을 받았고 대출금과 보증금을 회수하니 투자원금이 거의 들어가지 않게 되었으며, 은행 이자를 내고도 매월 20만 원 정도의 월세수익을 올리게 된

무피투자에 성공하였다. 꼼꼼한 현장조사로 가성비 좋은 물건을 가지게 된 권영숙 씨는 이 물건 경매 이후 신건이 나올 때부터 현장조사를 가게 되었다.

좀 더 공부와 경험이 쌓이게 되면 이 책의 후반부에 소개하게 될 지분경매가 가능하다. 경매의 지식이나 경험이 쌓였을 때 할 수 있는 소액투자의 두 번째 방법이다. 지분경매는 뒤에 자세하게 설명하겠지만, 부동산이 통째로 경매에 나온 것이 아니고 일부분, 즉 지분만 매각이 되는 경매를 말한다. 예를 들면 부부가 공동명의로 1/2씩 소유권을 가지고 있었는데, 남편 사업의 부도로 남편의 지분 1/2만 경매에 나오거나, 자녀 3명이 상속을 받아 자녀들이 각각 지분을 1/3씩 가지고 있다가 어느 한명의 지분만 경매로 나오는 경우 등이다. 이것도 간단하게 예를 들어 설명하겠다.

수원에 거주하는 윤재춘 씨는 아파트와 빌라 등 일반물건 경매 경험을 몇 차례 하셨던 분인데, 일반물건의 수익률이 만족스럽지 않아, 특수물건 경매를 배우고자 필자를 찾아왔다. 교육 중 윤재춘 씨는 오산에 있는 빌라의 지분경매물건을 검색하여 가지고 왔는데, 감정가 770만 원에 3번 유찰되어 최저가가 265만 원인 물건이었다.

윤재춘 씨는 감정가의 51%인 395만 원으로 입찰하여 낙찰하였고 거주 중인 노모와 큰아들에게 감정가의 90%인 690만 원에 지분을 매도하였다. 이러한 특수물건을 처음 접하다 보니 판례나 소송 등에 두려움도 느꼈으나 필자의 도움으로 소송까지는 가지 않고 원만히 합의하여 지분을 매각하였고 낙찰금액 395만 원에 매각차익 300만 원의 높은 수익률을 올리게 되었다.

　예시에서는 원만하게 해결되었지만 지분경매는 고려해야 할 변수도 많고, 해결해야 할 일도 적지는 않은 편이다. 다만 소액으로 괜찮은 수익을 올릴 수 있다는 점에서 자금 사정이 여의치 않은 분들에게는 매력적인 면도 있다. 물론, 같은 방법을 사용해도 투자 원금이 더 많다면 한 번에 올릴 수 있는 수익도 더 높다는 것은 당연하다. 그래도 자금 사정은 풍족지 않지만 안정된 수익이라는 월급이 있는 직장인이라면, 소액으로도 시도할 수 있다는 장점은 남다르게 다가올 것이다.

　이처럼 경매투자에는 일반적인 부동산투자, 주식투자와는 차별이 되는 장점이 존재한다. 정확히는 두 투자의 장점만을 골라낸 듯한 장점이다. 경매투자는 낙찰과 동시에 수익이 보장되며, 원금을 잃을 확률이 한없이 낮다. 그리고 소액으로도 시작할 수 있다. 쌈짓돈을 들고 주식을 기웃거리고 있는 당신, 경매투자로 당신의 시선을 돌려라.

03

팔든 임대 놓든
'갑'이 될 수 있는
물건만 사라

 경매뿐만 아니고 부동산 전반에 걸쳐
서 가장 핵심적이고 중요한 것이 바로 '팔 때든, 임대 놓을 때든, '갑'
이 될 수 있는 물건만 산다'라는 것이다.

혹시 예전에 아파트든 상가든 간에 보유하고 있던 부동산을 임대나
매도할 때, 찾는 사람이 없어서 고생을 한 경험이 있는가? 보유하고
있는 동안에는 임차인을 찾지 못해서 공실로 남겨두어야 하거나, 목
돈이 필요해 보유하고 있던 부동산을 매각해야 하는데 정작 찾는 사
람이 없어서 긴 시간 동안 마음고생을 한 경험은 부동산 매물을 본격
적으로 다룬다면 누구든 한두 번 정도는 겪는 일이다.

부동산은 그 자리에 고정되어 있는 특성이 있기 때문에 임차인이나
매수인이 없다고 해서 옮길 수 있는 것이 아니다. 즉, 부동산의 가치
는 부동산의 입지에 따라 달라진다.

극단적인 예를 들면, 아무리 궁궐 같은 집을 저렴한 월세에 내놓는다 해도 그 집이 산골짜기에 있으면 임차인은 쉽게 구해지지 않을 것이다. 반면 곰팡내 나는 반지하 빌라라도 더블 트리플 지하철역 바로 앞에 있다면 임차인은 어렵지 않게 구할 수 있을 것이다.

경매투자를 생각할 때 많은 사람들이 물건분석보다 권리분석을 먼저 머리에 떠올리는데, 이것은 순서가 바뀐 것이다. 권리분석보다 물건분석을 먼저 떠올려야 한다. 자신이 동원할 수 있는 금액대(필요하다면 대출까지 고려한)에서 다양한 종류의 경매물건을 검색하여 후보군에 오른 물건을 3~4개 정도 추려낸 후 각각의 개별 물건에 대하여 분석을 하라. 그리고 그 물건이 팔 때든, 임대 놓을 때든 매수자나 임차인이 계약하자고 줄을 서는 그런 물건이라면, 그다음 순서로 권리분석에 들어가라. 평소에 권리분석의 늪에 빠져서 정작 그보다 더 중요한 물건분석에 소홀하지는 않았는지 항상 자신을 뒤돌아보라.

이 순서는 경매를 배울 때나, 경매에 나름 통달한 뒤에나 달라지지 않는다. 경매를 어떻게 해야 하는지 묻는 사람들에게 필자는 늘 몇 가지 조건을 주고, 그 조건에 맞는 경매물건부터 찾아보라고 한다. 그 뒤에는 찾아온 물건이 '갑'이 될 수 있는 물건인지 확인하고, 그다음에야 권리분석에 들어간다. 다시 강조하지만, 잘 팔리지 않을 물건이라면 권리분석을 해봐야 시간 낭비, 재능 낭비일 뿐이다.

어떻게 생각하면 경매투자란 한 건의 권리분석을 하기 위해, 수십 혹은 수백 건의 물건분석을 선행해야 하는 투자인지도 모른다.

하지만 이런 방식에는 위기를 막아주고, 이익을 제대로 실현하게 해준다는 장점 외에 놓치기 쉬운 더 큰 장점이 숨어 있다. 쉽게 말해 경험치다. 물건분석을 습관화하는 방식으로 경매를 배우게 되면 부동산투자에서 가장 중요한 '물건을 보는 눈'이 생긴다. 그리고 그 경험치에 따라 권리상의 하자를 해결하는 방법을 자기도 모르는 사이에 자연스럽게 습득하게 된다. 이에 대해서는 3장의 후반부에서 자세히 설명하겠다. 그래도 우선 소개하자면, 물건이 좋고 그 물건으로 인하여 생기는 수익이 수치로 명확하게 눈에 보이면, 인지상정으로 그 물건의 하자를 극복하기 위하여 이런 생각, 저런 궁리를 하게 되고 그럼으로써 실력이 일취월장하는 것이다. 그래서 자신도 모르는 사이에 특수물건인지도 모르는 채 특수물건을 해결하는 실력을 습득하게 되는 것이다.

권리상의 하자로 보이는 것을 해결하는 것이 바로 특수물건 경매의 핵심이기 때문이다.

04

경매는 돈을
버는 것이 아니라
돈의 파이프라인을
만드는 것이다

 이 글을 읽는 독자분들께 꼭 한번 읽어 보라고 권하고 싶은 책이 두 권 있다.

하나는 『보도 섀퍼의 돈』이고 다른 하나는 대한민국 국민 재테크 서적인 로버트 기요사키의 『부자아빠 가난한 아빠』다.

이제 갓 재테크에 관심을 갖기 시작한 독자라면 『보도 섀퍼의 돈』에 나오는 내용들을 마음을 가다듬고 읽을 필요가 있다. 아마도 처음 이 책을 접하게 된다면 한 번도 쉬지 않고 읽고 있는 자신의 모습을 발견하며 가슴이 뛰는 것을 느낄지도 모르겠다.

계획은 모든 것의 시작이며 끝이다.

돈에 대해 스스로 책임을 져야 한다.

책임은 나에게 있다.

기적을 일으키려면 용기가 필요하다.

위험 없이는 기적도 없다.

돈이 없는 사람들은 부가 무엇인지 모른다.

돈이 있는 사람은 자유롭다.

성공한 사람들의 충고만 받아들여라

당신의 소망을 절대적 의무로 만들어라

돈이 되는 일에 능력을 집중하라

새로운 수입원을 창출하라

두려움의 충고를 따르지 마라

돈은 행복을 준다

– 「보도 섀퍼의 돈」 중에서

이 책에서 독자에게 가장 강조하는 사항이 바로 돈을 좋아한다는 것을 부끄러워하지 말고 '내가 돈을 좋아한다'는 것을 사실로 인지하라는 것이다. 거기에 더해 행복도 결국 돈이 있어야 가능한 것이고 돈이 있는 사람만이 자유로운 삶을 살 수 있다는 메시지도 함께 전달하고 있다. 돈이 없어도 행복해질 수 없는 건 아니지만, 돈이 있다면 선택의 가짓수가 많아진다.

게다가 이 책은 돈을 벌기 위한 요건을 이야기하고 있다. 요컨대, 부자가 되기 위해서는 자신이 '돈'을 좋아한다는 것과 '돈'을 버는 일에 능력을 집중하고 두려움 없이 행동하라는 것이 핵심 내용이라 하겠다. 빈자의 마인드가 아닌 부자의 마인드로 독자분들의 정신무장을 할 수 있는 최고의 부자마인드 관련 서적이라 생각한다.

다른 하나는 로버트 기요사키의 『부자 아빠 가난한 아빠』다. 이 책은 재테크에 조금이라도 관심이 있는 독자라면 한번쯤은 보았을 법한데, '고용인이 되지 말고 투자자의 삶을 살라는 것'과 그러기 위해 자기만의 '파이프라인'을 구축해야 한다는 것이 핵심사항이다. 그런데 이 파이프라인이라는 것이 생각보다 중요하다. 아니, 내가 이 책에서 강조하는 것도, 직장생활을 하며 월급만큼의 소득을 구축해야 한다는 것도 다 이 파이프라인과 관련이 있다.

사실 이 '파이프라인'은 동명의 자기계발 서적이 따로 있다. 바로 버크 헤지스의 『파이프라인 우화』라는 책인데 여러분도 익히 들어 알고 있는 '물통을 나르는 두 사람'에 대한 이야기가 여기에 나온다. 한 사람은 물통을 나르고 받은 돈으로 편하게 지내고 다른 한사람은 물통을 나르고 받은 돈의 일부와 남는 시간을 파이프라인의 구축에 투자했다. 훗날 늙고 병들었을 때, 전자는 어렵고 힘든 상태가 되었지만 후자는 그동안 구축해놓은 파이프라인을 통해 자신이 일을 하지 않아도 저절로 물이 흐르는 시스템을 구축하여 훗날까지 편안하게 지냈다는 이야기다. 『부자 아빠 가난한 아빠』는 '고용인이 되지 말고 투자자의 삶을 살라는 것'이 주요 내용이지만 그와 함께 이 파이프라인에 대해서도 강조하여 언급하고 있다. 바로 물통을 나를 수 있을 때(즉, 직장을 다닐 때) 받은 돈의 일부와 남는 시간을 파이프라인의 구축(즉, 추가적인 소득원을 확보하는 일)하는 데 써야 한다는 것이다.

돈'을 사랑하는 마음을 갖고, 파이프라인의 구축에 힘써라.

그리고 직장을 다니면서 할 수 있는 가장 확실하고 안전한 파이프라인 구축방법이 바로 '경매투자'다. 경매는 돈을 버는 것이 아니다. 직장을 그만둔 후에도 계속 돈이 들어올 수 있는 파이프라인을 놓는 것이 바로 경매다.

05

낙찰은
끝이 아니라
시작이다

 경매투자가 돈을 벌 수 있는 방법이라
는 것을 모르는 사람은 없다. 하지만 그래도 쉽게 성공하지 못하는 이
유는 무엇일까? 인터넷을 봐도 경매로 돈을 벌었다는 성공담은 적지
않고, 서점에 가보면 책으로 나온 것도 제법 많다. 실제로 인터넷에서
경매 관련 정보를 검색하거나, 동영상 강의를 찾아보는 사람도 종종
보았고, 좀 더 열성적인 사람들은 수십, 수백만 원씩 하는 강의를 찾
아다니며 듣기도 한다. 하지만 이들 모두가 경매에 입문하여 지금도
경매를 하고 있느냐면 그건 또 그렇지 않다.

경매를 시작한 사람이 10명이 있다면 이 중 입찰까지 해보는 사람
은 그 절반인 5~6명 정도, 입찰한 사람이 10명이라면 이중 낙찰의 경
험을 맛보는 사람은 1~2명 정도에 불과하다.

왜 사람들은 경매에 관심을 갖고 책도 보고 강의도 들으면서 입찰

에 참석하는 것에 소극적이 될까? 이유는 그 뒤에 어떤 일을 맞닥뜨리게 될지 모르기에 막연한 두려움을 갖기 때문이다. 두려움의 이유도 명쾌하다. 그것은 잘 모르기 때문이다.

학원이든 책이든 낙찰 이후에 이렇게 진행하라는 '이후'에 대한 이야기를 들려주는 일은 드물다. 있더라도 자세하지 않을뿐더러 케이스마다 다르기 때문에 내 상황에 딱 맞는 '이후'의 얘기는 찾을 수 없다. 경매 투자의 대체적인 흐름은 다음과 같다.

> 물건선정 ➡ 권리분석 ➡ 낙찰 ➡ 잔금 ➡ 등기 ➡ 명도 ➡ 매각 또는 임대

이 전체 흐름 중 대부분의 경매 강의나 조언은 낙찰까지의 과정에 치중한다. 마치 제갈량 사후에는 줄거리 요약식으로 끝나버리는 삼국지 관련 서적처럼, 낙찰 이후 후반부 작업은 대충 낙관적으로 얼버무린다. 마치 물건 잘 찾아서 낙찰에 성공하면 그것이 경매의 전부인 것처럼, 그 이후의 일은 후일담인 양 대강의 서술만으로 끝난다. 물론 물건 선정, 권리분석, 입찰과 낙찰은 중요하다. 낙찰까지 가면 경매의 수익은 대개 결정된다고 봐도 좋다. 나머지 작업은 일종의 끝마무리나 마찬가지다. 그러나 끝마무리라는 건 중요하지는 않을지언정, 그렇다고 건너뛸 수도 없는 일이다.

게다가 간과할 수 없는 일은 낙찰 이후 뭘 할지 모르는 두려움이, 경매에 도전하고자 하는 의욕을 떨어뜨린다는 것이다. 입찰까지는 가도, 낙찰 이후의 마무리를 못 하면 낙찰이라는 결과를 무로 돌릴 것만

같다든가(물론 실제로 그러는 일은 아주 드물다), 낙찰은 받아도 정작 그 뒤에 뭘 할지 몰라서 기피하는 마음이 생겨버린다. 바둑은 대충 배웠는데, 끝마무리는 못 배운 사람과 바둑을 둔 적이 있는가? 만약 상대방이 그런 사람이라면, 당신은 지고 싶어도 질 수가 없다. 얼핏 보면 그럴듯하게 수를 두는 것 같지만, 수 싸움이 본격적으로 시작되면 집이고 땅이고 다 내어주고, 바둑이 끝날 때쯤 되면 마무리 실수로 내주지 않을 집까지 줄줄 내주게 된다. 실제로 어른이 아이 상대로 바둑을 둘 때 이런 일이 종종 생긴다.

다시 강조하지만, 낙찰은 끝이 아니라 시작이다. 달리 말하면 경매라는 투자에서 수익을 내기 위한 관문이라 해도 좋다. 그 뒤가 어떠하든, 그 뒤를 몰라 두렵든 간에 경매를 할 생각이 있다면 이 관문은 뛰어넘어야 한다. 그리고 이것을 극복하는 방법은 단 하나밖에 없다. 바로 자기 자신이 자기 돈으로 진짜 낙찰을 받아보는 것이다. 요령과 이론은 책이나 강의로 배울 수 있을지 몰라도, 실제 감각은 한 번이라도 하지 않으면 쌓이지 않으며, 실제 경험 위에 쌓지 않은 지식은 그것이 어떤 위대한 지식이든 한순간에 허물어지기 쉽다. 반면, 지식의 맨 밑에 경험이라는 토대가 버티고 있다면, 어쩌다가 지식과 상식이 무너지는 그 순간에도 다시 쌓아 올릴 수 있는 여지가 생긴다.

설령 수익이 남지 않을 것 같은, 수익이 나더라도 미미한 수익이 날 것 같은 시시한 물건이라도 실제로 한 번 낙찰을 받고 명도도 하고 임대, 매매도 해보라. 이렇게 한 사이클을 시도하고 나면 경매투자도 별 것 아니구나라는 생각이 들고 자신감도 생기게 될 것이다.

06

모두가
주목하는 물건은 사실
별 볼일 없는 물건이다

　　　　　　　　　　　　경매책을 사서 공부하고 주말을 이용해서 이런저런 강의도 들으며 '나도 경매투자를 해야겠다'고 굳은 결심을 한다. 그런데 막상 경매 사이트에 접속해서 물건들을 검색해보면 책이나 경매학원 강사가 이야기한 장미꽃 같은 물건들은 보이지 않는다.

'내가 실력이 없어서 찾지를 못하는 것인가?'라는 생각을 하게 되고, 다시 실력을 키우기 위해 고급반, 특수반 등의 이름으로 개설된 강의까지 섭렵하지만 그 뒤에도 그리 달라지는 건 없다. 아무리 검색을 해봐도 책에서 얘기하는 그림 같은 물건, 강사가 말해주던 화려한 수익률의 물건들은 눈에 띄지 않는다.

그 이유는 무엇일까?

그 이유는 바로 경매에 올라와 있는 물건 중 대다수가 진짜로 쓰레기이기 때문이다.

평범한 중산층의 삶을 살아온 일반인의 경우, 살면서 보았던 부동산이라 해봐야 대부분 권리상 하자가 없는 빌라나 아파트다. 부동산에 좀 더 관심을 가졌던 사람이라면 오피스텔이나 단독주택, 상가, 혹은 부동산사무소 소장님이 소개해준 널찍한 토지 정도나 봐왔을 것이다. 게다가 그 부동산들 대부분은 등기부등본도 깔끔한 물건들이었을 거다.

그런데 경매 사이트에서 경매물건을 검색해보면 그런 깔끔한 물건은 흔하지 않다. 저기에도 사람이 살기나 할까 싶은 건물도 보이고, 등기부등본도 깔끔하기보다는 지저분하다. 토지라고 별다를 것도 없어 어떤 토지는 산에 있고, 어떤 토지는 쪼가리로 나와 있는 등 어째 척 봐도 땅 같지도 않은 물건들이 태반이다. 그러니 경매에 입문한 초수의 경우 자연스레 그동안 봐와서 익숙하기도 하며 덤으로 시세확인도 간편한 아파트와 빌라에 눈이 가게 되어 있고, 살면서 부동산 좀 봐왔다 싶은 사람이라 해도 상가 경매 정도나 찾아보고 마는 것이다.

여담이지만, 경매에 관한 책을 쓰거나 경매에 대해 강의하는 사람들 중에도 딱 거기까지만 경험한 사람들이 종종 보인다. 잘해야 경매의 일부, 아파트나 빌라 기껏해야 상가 정도만 경험해본 사람들이 마치 자신이 경매의 전문가인 양, 자신이 경험한 경매가 경매의 전부인 양 얘기라는 걸 보면 안쓰러운 감정까지 느낄 때가 있다. 그 사람들이야 강의 하나 멋들어지게 해치우면 그만일지 모르지만 그 강의를 절대 교본처럼 듣고 있을 수강생들은 대체 어쩌란 건지 모르겠다.

적어도 강사라면 초심자를 고수의 입문까지는 갈 수 있게 길을 알려주어야 한다. '주거용 건물'부터 '둘 이상의 특수권리가 복합된 물건'까지는 안내해주어야 하고, 그 과정에서 생기는 복잡하고 다양한 사례 역시 자신 있게 소개할 수 있어야 한다. 강사 자신이 그 모두를 미리 다루어보았어야 하는 건 두말할 필요도 없다. 그래서 수강을 하는 사람들로 하여금 경매투자에서 선택의 폭을 스스로 폭넓게 선택할 수 있도록 도와주어야 한다.

경험이 부족한 강사가 무엇보다 나쁜 점은, 이들이 자신이 해보지 않은 영역을 폄훼한다는 것이다. 다양한 경매 중 한두 가지만 해본 사람은 흔히 자신들이 모르는 분야를 소홀히 다루는 경우가 많다. 그리고 그 이유로 그런 분야가 필요하지 않은 이런저런 이유를 마음대로 갖다 붙인다. 이래서야 수강생의 실력 향상은 고사하고 수강생의 미래의 선택조차 강사가 막아서는 셈이다. 미래를 열어줘야 할 강사가 미래를 방해해서야 그게 될 말인가. 혹시라도 나중에 경매 관련 강의를 찾게 될 때도, 어느 한두 종목만 꼭 집어서 강의를 하는 사람이라면 조금은 경계하는 게 좋다. 경매 관련 책이더라도 '상가경매로~', '빌라 낙찰 00건~', '아파트 00채를 보유한~', '토지 경매의~' 같은 식으로 어느 한 종목의 성공만을 강조하는 책이라면 덮어놓고 읽기 전에 저자의 약력과 머리말, 차례 정도는 꼼꼼히 훑어보고 믿을지 안 믿을지 결정할 것을 권하고 싶다.

　다시 처음 얘기로 돌아가겠다. 왜 아무리 검색하고 또 강의를 들어
도 돈이 되는 물건이 찾아지지 않을까? 이 책의 4장에서 언급을 하겠
지만 결국에 돈이 되는 물건은 사람들이 많이 몰리는 쉬운 물건이 아
니다. 돈이 될 것 같지 않고, 사람들이 외면하는 물건 중에 오히려 경
매에 적합한 물건이 숨어 있다. 그런 걸 찾을 능력이 안 되는 경매강
사들이 굳이 그것까지 안 해도 된다고 이야기할 뿐이다. 왜냐하면 자
신들도 해본 적이 없으니까.

　경매시장에 나와 있는 물건은 95% 이상이 쓰레기다. 그리고 그 나
머지 5%의 상당수는 권리분석이나 시세 확인이 쉬운 빌라나 아파트
다. 그 쉬운 5%에 사람들이 몰려드니 낙찰을 받으려면 입찰금액을 거
의 시세에 근접하게 써넣어야 한다. 낙찰가 역시 일반매매 금액 수준
으로 결정될 것이다. 하지만 당신이 일반매매를 하지 않고 경매를 시
작한 이유가 무엇인지 잘 생각해보라. 낙찰은 경매의 끝이 아니다. 낙
찰이 중요한 게 아니라 경매투자로 '돈'을 버는 것이 목적이다. 아무
리 입지가 좋고 누구나 탐낼 만한 부동산이라도 매매가와 비슷하게
낙찰을 받는다면 애써 경매를 하는 이유가 없다. 그건 그냥 평범한 부
동산 매매다. 시세차익이든 임대소득이든 일반매매와 다를 게 하나
없다. 이득은 다를 게 없는데 고생만 사서 하게 만드니 그 경매물건
또한 '쓰레기'인 것이다.

필자는 예전에 경매 사이트에 나와 있는 물건들을 모두 다 한 번씩 확인해본 적이 있다. 하루에 10시간 정도씩 매일 확인하니 두 달이 넘는 시간이 걸렸는데, 도대체 경매에는 어떤 물건들이 나오는가를 확인해보고 싶었기 때문이다. 그러고 나자 경매 사이트에 나와 있는 물건들의 수준을 살펴본 뒤, 어느 정도 수준이면 중급물건인지, 어느 정도 수준이면 상급물건인지 감이 오기 시작했다.

일반매매시장에서 상급이라고 생각되는 물건의 개념과 경매시장에서 상급이라고 판단해야 하는 물건은 분명 다르다. 만약, 일반매매시장에서 상급의 물건이 경매시장에 나왔다면 그 물건은 위에 언급한 것처럼 너무 많은 관심과 많은 입찰자들이 몰려 다른 의미의 쓰레기 물건이 되는 것이다.

경매 사이트에 나와 있던 8,000여 건의 물건(자동차는 물론이고 선박, 어업권 등까지 모두 확인했었다)을 모두 한 번씩 확인한 후 내린 결론은 경매시장에서는 경매시장의 룰을 알아야 한다는 것이다.

경매시장에서의 룰이란 그렇게 어렵지 않다. 원래 부동산이 가지고 있는 본래의 가치보다 저평가되어 있거나, 해결할 수 있는 하자로 싸여 있는 게 좋은 물건이다. 달리 말해 본래의 가치가 언뜻 봐서는 보이지 않는 물건, 즉 진흙이 묻어 숨어 있는 진주를 찾아야 하는 것이 바로 경매투자다.

이 룰에서 승리하는 방법도 명쾌하다. 예를 들면, 행동력이 남들보다 뛰어나고 부지런해서 감정가가 시세보다 한참 낮게 되어 있는 물건을 신건 때 단독으로 입찰할 수 있는 행동력을 갖추거나, 일반 사람들이나 경매의 중수 정도도 해결을 할 수 없는 하자를 해결할 수 있을 만큼 관련 사례나 판례를 많이 공부한 경우라면 경매시장의 룰 아래 승자가 될 수 있다.

쓰레기 속에 숨어 있는 진주는 사람들이 많이 몰리는 쉬운 물건에서는 찾을 수가 없다.

경매는 '본래의 가치보다 저평가'되어 있는 숨은 진주를 찾는 일인 것이다.

07

너무 생각하면 오히려
놓치기 쉬운 선순위 가장
임차인 물건

 아이러니하게도 정말로 경매로 돈을
번 사람들의 대부분은 공부를 안 하고 무작정 낙찰받은 사람들이라는
사실을 알고 있는가?

안산에서 작은 공장을 운영하고 있는 김성수 사장은 40대 중반이
될 때까지 부동산에 대해서 아는 것 없이 공장운영에만 전념하던 분
이었는데, 공장 운영이 점점 어려워지자 다른 수입원을 찾다가 경매
를 시작하게 된 분이다.

경매에 관심을 갖게 되기는 했지만 소규모 공장을 운영하다 보니
생각만큼 시간이 나지는 않았다. 본인이 자리를 비우면 공장이 돌아
가지 않는 여건이어서 제대로 된 경매 강의 한번 듣지 못하였고, 답답
한 마음에 일단 저질러나 보자는 심정으로 입찰했는데, 덜컥 낙찰이
돼버렸다. 안산에 있는 소형 아파트인데, 낙찰을 받을 수 있던 이유는

단순했다. 가격이 많이 떨어져서였다.

　그렇다면 왜 그리 많이 떨어졌을까.

　바로 '선순위 임차인'이 있었기 때문이다. 그 아파트는 선순위 임차인이 전입신고가 되어 있는 상태에서 배당 신청도 하지 않았다. 서류상으로만 봤을 때 무상임차인으로 유추해볼 수 있는 사항, 즉 소유자와 성씨가 같다거나 소유자가 함께 거주를 하는 등 소유자와의 인척관계가 나타나 있지 않았고, 1순위 근저당권자도 은행이 아닌 개인으로 되어 있어서 은행이 대출을 해줄 때 무상임차인 확인을 했는지 여부도 알아볼 수가 없는 물건이었다. 정말 선순위 임차인인지 아닌지 알 수가 없는 상태였기 때문에 공부를 좀 했다는 많은 사람들이 군침만 흘릴 뿐 감히 입찰하지 못하고 있었는데 김성수 사장이 덜컥 낙찰을 받은 것이었다.

　그렇게 낙찰을 받고 대출을 받으러 은행에 방문했는데 은행 직원이 대출이 되지 않는다고 말하는 것이었다. 이유는 선순위로 보이는 임차인이 등재되어 있기 때문이라고 하였다.

　김성수 사장은 등에서 식은땀이 쫙 나면서 하늘이 무너지는 느낌을 받았다.

　그제야 여기저기 알아보고 수소문을 해보니 배당 신청을 하지 않은 선순위 임차인은 대항력이 있기 때문에 낙찰자가 그의 보증금을 모두 물어 주어야 한다는 것이었다. 즉, 다른 입찰자들은 그런 사실을 알고 있기 때문에 불안감에 다들 입찰을 꺼렸고, 그래서 김성수 사장이 쉽게 낙찰받을 수 있던 거였다.

은행 대출 담당과 얘기해보니 그 임차인에게서 '무상거주 확인서', 즉 받아 나갈 보증금이 없다는 확인서를 받아와야 잔금대출을 해준다고 한다. 김성수 사장은 그 길만이 유일한 살길이니 '무상거주 확인서'를 못 받으면 확 죽어버리자고까지 생각하였다.

기다릴 것도 없이 그날 저녁에 낙찰받은 아파트를 찾아갔다. 아파트 밖에서 멀리 해당 호수를 살펴보니 거실에 불이 켜져 있는 것이 사람이 있는 듯했다. 평소의 김 사장 같았으면 그럴 용기를 내지 못했겠지만 지금은 이것저것 따질 형편이 아니었다. 서둘러 올라가서 초인종 앞에 섰는데, 초인종을 누르는 손이 사시나무 떨 듯 떨렸다. '제발, 무상임차인이기를….'

"누구세요"
"네. 이 집 낙찰자인데요."

다행히 목소리는 떨리지 않았다. 심장은 쿵쾅쿵쾅 요동을 치고 있었지만, 사장으로 산전수전 다 겪고 사업을 운영하던 경륜 덕분에 떨리는 마음이 밖으로 나타나지는 않았다.

문이 열리고 30대 초반으로 보이는 남자가 문을 열고 나오자, 혹시나 하는 마음에 김성수 사장은 핸드폰의 음성녹음 버튼을 눌렀다.

"아. 늦은 시간에 죄송합니다. 이번에 이 집을 낙찰받게 된 김성수입니다."
"네. 조금만 시간을 주시면 나갈 테니까 조금만 기다려 주세요."
'···. ? ···. !!!'

김성수 사장이 말을 잇지 못하고 있자 집에서 나온 젊은 남자가 먼저 이야기를 꺼냈다.

"잠깐 안으로 들어오세요."

젊은 남자의 이야기를 정리하면 다음과 같다. 자기는 이번에 경매로 아파트를 날려먹은 사람의 처남이다. 매형과 누나는 일 때문에 지방에 내려간 지 2년이 넘었고, 집 소유는 매형으로 되어 있지만 그 집에는 처남인 자신과 자기 어머니(아파트 소유자의 장모님) 둘이서 살고 있다. 집에는 매형이 여기저기 빌린 돈에 대한 각종 근저당과 각종 세금, 보험료 미납으로 인한 건강보험공단, 안산시 등의 가압류 같은 것들이 많이 걸려 있어서 안 그래도 이사 나갈 집을 알아보던 중이었다. 한 달 정도 시간을 주면 이사 나갈 테니 너무 보채지 말아 달라.

김성수 사장으로서는 그 남자가 지금 이사를 나가든 말든 그것이 중요한 것이 아니었다. 죽다가 살아난 기분이었고, 우물에 빠졌는데 동아줄이 내려온 격이었다.

"그럼. 이사 나갈 시간을 넉넉히 드릴 테니 여기에다가 사인과 지장 좀 찍어 주세요."

순간적으로 김성수 사장 머릿속에 '오늘 못 받으면 영원히 못 받는다'라는 생각이 스쳤고, 젊은 친구에게 종이를 가져와 달라고 해서 생각나는 대로 '무상거주확인서'를 써 내려갔다. 컴퓨터로 멋있게 양식에 맞게 하고 싶었지만 오늘 기회를 놓치면 두 번 다시 기회가 없을 수도 있겠다는 생각이 들어서 수기로 작성하였다.

"그럼 안녕히 계세요. 이사 날 잡히면 연락 주시고."

집으로 돌아온 김성수 사장은 앓아누웠다. 하루가 이렇게 긴 줄 처음 알았다.

다음 날 자리에서 일어나자마자 어제 작성한 '무상거주확인서'를 들고 어제 오전에 만났던 은행 대출 담당 직원을 찾아갔다. 대출 담당 직원은 서류를 유심히 보더니 상대방 신분증 복사한 것을 달라고 하였다. 다행히 어제 서로 사인과 지장을 찍으면서 신분증을 사진 찍어 놓았고 사진을 대출 담당에게 문자로 전달, 담당 직원이 출력해서 첨부했다.

"대출 신청 완료되었습니다."

김성수 사장은 잔금을 낼 수 있었다. 무상거주자인 젊은 친구와 그의 어머니는 그로부터 석 달이 지나서야 이사를 나갔지만 김성수 사장은 전혀 개의치 않았다. '선순위 임차인' 물건인 덕에 시세의 70% 정도의 금액으로 낙찰을 받았기에 두 달 더 살고 나가는 동안에도 단 한 번의 독촉도 하지 않았다.

그 일이 있은 후부터 김성수 사장은 '선순위 가장임차인'이 있는 물건만 찾아 입찰하게 되었다.

08

시세차익 vs 임대소득
목적을
확실히 하라

 부동산에 조금만 관심이 있는 사람들은 부동산 가격이 오르는 것이 건물의 가격이 오르는 것이 아니라 땅값이 오르는 것이라는 사실을 알고 있을 것이다. 시간이 지나면서 건물이 감가상각되어 가치가 내려가는 부분을 지가의 상승 부분이 떠받치고도 남아 결국 부동산의 가격이 오르는 것이다.

그렇다면 지가는 왜 오르는가?

1971년 8월 15일 미국의 닉슨 대통령이 '금본위제'의 폐지를 선언했다.

금본위제란 한 국가에서 발행할 수 있는 자국통화 금액의 총합은 자국이 보유한 '금'의 양만큼만 발행할 수 있다는 것인데, 이것을 공식적으로 폐지한 것이다. 이때부터 미국의 달러 지폐에서는 'Ten Dollars In Gold Coin Payable to The Bearer on Demand', 즉 금으로 바꿀 수 있다는 문구가 삭제되었다.

금본위제의 폐지가 의미하는 것은 간단하다. 정부가 돈을 무한대로 찍어 낼 수 있다는 뜻이고 결국 통화량, 즉 시중에 유통되는 '돈'의 양이 계속 늘어난다는 뜻이다.

시중에 유통되는 돈의 양이 계속 늘어나면 어떤 일이 발생할까? 따지고 보면 거래란 것은 물건을 동등한 가치의 화폐와 바꾸는 행위이다. 물건은 한정되어 있는데, 돈의 양은 점점 늘어나니 물건값은 점점 비싸진다. 100원이던 새우깡이 1,000원이 되고, 500원이던 자장면이 5,000원이 되며, 내년에는 더 오른다는 뜻이다. 마찬가지로 한정되어 있는 부동산, 특히 쓸모가 있는 땅의 값은 계속 오르게 된다. 게다가 부동산 물건이란 나라 전체적으로는 남아돌아도 부족한 동네는 늘 부족하다.

다시 말하면, 만약 토지의 가치가 일정하게 유지가 된다 해도 돈의 양이 계속 많아져서 '돈'의 가치가 떨어지기 때문에 상대적으로 토지의 가격이 상승하는 것처럼 보인다는 것이다. 거기에다가 만약 특정 토지가 원하는 사람이 많아지는 지역의 땅(서울의 강남 등)이라면 그 가격은 기하급수적으로 상승하게 된다.

경매로 부동산에 투자하는 대표적인 두 가지 방향이 있다.

하나는 임대소득을 늘리기 위해 경매투자를 하는 것이고, 다른 하나는 시세차익을 보기 위해 경매투자를 하는 것이다.

두 가지를 같이 한다면 금상첨화나 대부분의 부동산은 둘 중 하나의 특성을 띠고 있다. 예를 들어 수도권, 용인이나 이천 지역 다가구 원룸 건물의 경우 연 8% 이상의 임대수익률을 가진 건물이 많이 있다. 5억 원을 투자하면 연 임대수익이 4,000만 원 정도 된다.

또 다른 예를 들면 서울 지역 다가구 원룸 건물의 경우 연 3~4% 사이의 임대수익률이 일반적이다. 이 경우 5억 원을 투자하면 연 임대수익이 2,000만 원 정도 된다.

그렇다면 서울의 다가구 원룸이 수도권의 다가구 원룸보다 수익률이 좋지 않다는 말일까? 답은 '그럴 수도 있고 아닐 수도 있다'다.

수도권의 다가구 원룸 건물은 연 수익률이 서울의 다가구 원룸보다 월등하지만 지가 상승이 더딘 탓에 시세차익이 미미하다. 반면 서울의 다가구 원룸은 연 수익률은 수도권 다가구 원룸의 반도 안 되는 대신 지가 상승에 의한 시세차익을 기대할 수 있다. 그러니 이다음은 스스로 선택하기 나름이다. 만약 눈앞에 보이는 실물의 '돈'만 믿을 만하다고 생각한다면 수도권의 다가구 원룸을, 매월 들어오는 월세는 적더라도 나중에 시세차익을 기대하는 성향이라면 서울의 다가구 원룸을 고려해야 한다. 부연하자면, 가장 확실한 시세차익형 부동산은 건물이 있지 않은 상태의 토지다. 토지 위에 건물이 존재한다면 그 토지는 그 건물로 인해 용도, 수익률 등이 이미 결정이 된 상태이지만, 토지 위에 아무것도 없는 상태라면 토지의 매입자가 그 이용의 방향을 자신의 목적에 맞게 사용할 수 있기(최유효이용) 때문에 그 가치가 더 높아질 가능성을 내포하고 있는 것이다.

경매투자로 시세차익을 볼 것인지, 임대소득을 볼 것인지는 개인의 성향과 현재 여건에 따라 선택을 할 사항이지만, 직장인이라면 일정 부분 임대소득을 확보하는 것에 중점을 두고 투자를 한 후 어느 정도 임대소득이 충족이 되면 시세차익형 경매물건을 병행하는 편이 낫다고 보인다. 왜냐하면 직장인들 대부분은 '생활비'를 가정에 가져다줘야 하는 운명이기 때문에 향후 직장을 탈출하여 경제적, 시간적 자유인이 되기 위해서는 매월 입금이 되는 수입이 어느 정도이건, 어떤 형태이건 필요하기 때문이다. 시세차익이 많으면 상관없다고? 공과금이나 핸드폰요금, 아이들 학원비 등 월 단위 지출이 있기 때문에 경제가 아닌 심리적 안정을 위해서도 고정 수입은 꼭 필요하다.

경매로
수익 내는 법

01

권리분석?
딱 2가지만
유의하라

아래의 내용만 알게 되어도 독자분들이
이 책을 사는 데 들어간 책값을 뽑은 것이라고 감히 말할 수 있다.

경매에 입문할 때, 경매의 권리분석에서는 딱 2가지만 알고 피하면
된다.

첫 번째, 낙찰을 받았는데 추가로 돈을 더 물어주어야 하는 경우
두 번째, 낙찰을 받았는데 소유권을 가져오지 못하는 경우

경매에 관련된 권리분석은 그것만 공부해도 1년은 걸리는 방대한
양이다. 심지어 공부를 하면 할수록 공부할 게 더 늘어나는 분야이기
도 하다. 단순한 법조문만 알아서 되는 것이 아니고 그와 관련된 판례

(재판의 사례)까지 숙지하여야 하는 때가 오기 때문이다.

그렇다면 그 모든 판례를 공부하기 전까지는 경매투자를 하지 못한다는 말인가?

당연히 그렇지 않다.

경매투자와 판례 공부는 병행해서 하는 편이 훨씬 효율적이다. 몇 년에 걸쳐 권리분석과 관련 판례들을 공부한다고 해도, 공부 내용 자체가 실생활과 관련이 적은 내용들이다 보니, 공부만으로는 성과를 얻기가 쉽지 않다. 공부 이전에 '자기 자신'의 일이 되지 않으면 머릿속에 들어오지도 않고 또 무슨 의미인지도 알 수가 없다. 그러니 공부와 함께 실제 경매도 시도해야 하며, 공부가 끝나지 않은 상태에서 경매를 하려면 위의 저 2가지는 필수적으로 알아두어야 한다. 어려운 물건이라면 몰라도 초수가 주로 시도하는 빌라, 아파트 등의 주거용 건물에 입찰하는 정도라면 위의 2가지 경우만 피하면 권리분석은 끝난다. 이제 하나씩 순서대로 알아보겠다.

첫 번째, 낙찰을 받았는데 추가로 돈을 더 물어주어야 하는 경우다.

추가적으로 돈을 물어준다면 그 대상은 누구일까? 소유자? 소유자는 남의 돈 쓰고 건물을 날려먹은 사람이니 그 대상이 아니다. 그렇다면 임차인인데, 그 임차인은 다음 두 가지로 나뉜다.

1) **후순위 임차인**: 소멸기준권리(근저당, 가압류, 경매개시등기 등)보다

'늦게' 전입한 임차인.

　　2) **선순위 임차인**: 소멸기준권리보다 '먼저' 전입한 임차인.

　여기서 소멸기준권리보다 늦게 전입한 후순위 임차인은 고려할 필요가 없다. 그래서 소멸기준권리보다 먼저 전입한 선순위 임차인만 남게 되는데, 이는 다시 두 가지로 나뉜다.

　　1) '전입신고 + 확정일자 + 배당신청 + 점유'를 모두 한 임차인.
　　2) '전입신고 + 점유'는 하였으나 '확정일자 + 배당신청' 중 하나 또는 전
　　　부를 하지 않은 임차인.

　문제의 '돈을 물어주어야 하는 대상'은 바로 두 번째, 즉 '전입신고+점유'는 하였으나 '확정일자+배당신청' 중 하나 또는 전부를 하지 않은 임차인이다. 이 중 '전입신고+점유'가 소멸기준권리보다 빠른 경우에 그 임차인이 '대항력'을 가지고 있다고 한다.

　'대항력'이란 돈을 다 받기 전에는 이사를 나가지 않아도 되는 권리다. 아주 막강한 권리인 것이다. 그러니 경매 입문자는 이 사람을 피하도록 하자. 이것만 피하면 돈을 물어주는 일은 없다.

　두 번째, 낙찰을 받았는데 소유권을 가져오지 못하는 경우다.

　낙찰을 받았는데 내 물건이 아니라고? 이런 황당한 경우가 있다. 바로 선순위(소멸기준권리보다 빠른) 가처분, 선순위 가등기가 있는 물건이

다(선순위 지상권과 같은 소유권 외의 사항은 후에 논하기로 한다).

사전에 따르면 가처분이란, '다툼의 대상이 처분 멸실되는 등 법률적 사실적 변경이 생기는 것을 방지하고자 하는 보전 처분이거나 다툼이 있는 권리 또는 법률관계가 존재하고 그에 대한 확정판결이 있기까지 현상의 진행을 그대로 방치한다면 소송의 목적을 달성하기 어려운 경우에 대비한 보전처분'이다.

가처분을 간단하게 말하면 그 부동산을 걸고 무언가 소송을 진행하고 있는데 그 결과에 따라서 이리될 수도 있고 저리될 수도 있다는 뜻이다. 그런데 그 원인과 결과를 제3자는 확실하게 알 수가 없다. 그러니 일단 피하고 보는 것이다.

사전에 따르면 가등기란, 매도인이 이전등기를 하는 데 협력하지 않는 경우나, 매매의 예약豫約에서 아직 소유권을 취득하고 있지는 않으나 예약자로서의 권리를 확보할 필요가 있는 경우 등에 이용된다. 또 가등기는 그것만으로는 등기로서의 효력이 없으나, 후에 본등기를 하면 그 본등기의 순위는 가등기의 순위에 의한다(6조 2항). 즉, 대항력의 순위가 가등기를 한 때로 소급하게 된다.

가등기를 간단하게 설명하면 매매 등의 계약을 했는데 무슨 사정인지는 몰라도 소유권 이전에 대한 등기는 아직 하지 않았고, 대신에 그 순위를 보전하기 위해서 등기부등본에 올려놓는 것이며, 나중에 가등기가 본등기로 바뀌게 되면 미리 확보해놓은 자리로 새치기해서 들어간다는 뜻이다.

물론 가등기에는 담보 가등기도 있고 이는 채권을 변제하면 소멸되기 때문에 소유권 확보와는 무관하다. 하지만 이를 경매 입문자가 구분하기에는 어려움이 있으니, 초수라면 선순위 가등기는 일단 피하도록 하고 나중에 공부가 깊어지면 다시 도전하는 것이 좋다.

정리하자면 이렇다. 그러한 가처분이나 가등기가 소멸기준권리보다 먼저 있으면(선순위) 그 소송의 결과나 본등기로의 이관 여부에 따라서 내 부동산이 남의 소유가 될 수도 있다는 뜻이다. 왜냐하면 소멸기준권리보다 먼저 발생한 사항이기 때문이다. 그리고 이 경우 낙찰대금의 회수가 곤란해진다. 이론적으로는 소송을 통해 기존 소유자에게서 받을 수 있으나 현실적으로 경매로 전 재산을 날린 전 소유자에게 돈을 받아낸다는 것은 불가능에 가깝기 때문이다.

그러니 일단 경매 입문자는 선순위 가처분과 선순위 가등기가 등기부등본에 있는 물건은 피하도록 하고 후일을 도모하도록 하자.

다만 유의할 것이 있는데 그것이 가압류다. 가압류는 가처분, 가등기처럼 '가假' 자가 붙어 있기는 하지만 소멸되는 권리다. 그렇기 때문에 순위상 맨 처음에 있어도 선순위 가압류가 아니고 말소기준권리가 되어 말소된다.

이와 같이 초수의 권리분석에서는 딱 2가지만 알아도 위의 사례와 같은 경매 물건에 입찰하여 보통 수준의 수익을 볼 수 있다. 다시 한번 반복하면 이렇다.

첫 번째, 낙찰을 받았는데 추가로 돈을 더 물어주어야 하는 경우

두 번째, 낙찰을 받았는데 소유권을 가져오지 못하는 경우

이제 당신은 경매를 통해 수익을 볼 수 있는 기술 한 가지를 습득하였다.

02

아파트 vs 상가 vs 토지
분야별
적용 기법

 　　　　　　　　　　　보통 경매를 강의하는 강사들도 구분
을 확실하게 하지 않고 모호하게 이야기하는 경우가 많은데, 경매는
물건의 종류에 따라서 적용하는 권리분석과 파악해야 하는 현장조사
내용, 인터넷 등으로 책상에서 확인해야 하는 사항들이 완전히 다르
다. 그러니 앞에 말한 기본적 권리분석 사항인 첫 번째, 낙찰을 받았
는데 추가로 돈을 더 물어주어야 하는 경우, 두 번째, 낙찰을 받았
데 소유권을 가져오지 못하는 경우를 파악한 후에는 물건의 종류에
따라서 다른 방향으로 접근하는 것이 바람직하다. 하나씩 차례대로
적어보겠다.

🏢 아파트, 빌라

아파트, 빌라의 경우 확인사항은 시세, 감정가, 대중교통, 향, 층, 초등학교 및 중학교와의 거리, 상가 등의 이용시설 위치이고 가장 중요한 것이 시세다.

특히 아파트의 경우 같은 평형이어도 층은 물론이고 향에 따라서도 가격대가 차이가 크고, 아파트단지별로 선호하는 동과 덜 선호하는 동이 있으니 자신이 잘 아는 지역이 아니라면 반드시 현장에 가서 파악해야 한다.

> ☑ **컴퓨터로 확인할 사항**
> 실거래가, 네이버 부동산 매물, 단지 배치도, 평면도, 지도(인근 시설 확인)
>
> ☑ **현장에서 확인할 사항**
> 부동산 사무실 및 슈퍼 등 방문, 동네에서 지나가는 아주머니에게 탐문할 사항은 선호하는 동, 덜 선호하는 동, 교통, 학교, 유치원, 학원이용 편의성 등

🏠 상가

상가의 경우 확인할 사항 중 제일 중요한 것이 임대료다.

상가는 대표적인 수익형부동산인데 수익률에 따라서 매매가가 결정이 난다. 1층의 경우 수익률이 3~4%정도이고 2층, 3층의 경우 6%의 수익률, 4층 이상의 경우 7~8%의 수익률이 일반적이다.

이를 다시 얘기하면 6% 수익률인 2층, 3층의 경우, 월세가 100만원인 상가의 매매가는 다음과 같이 계산한다.

> 월세 100만 원 × 12개월 = 1년치 월세 총합 1,200만 원
>
> X × 수익률 6% = 1,200만 원
>
> X = 2억 원

즉 월세 100만 원인 상가의 가격은 2억 원이고 보증금이 5,000만 원 있다면 그것까지 더한 2억5천만 원이 매매가이다.

만약 월세 100만 원인 상가를 1억2천만 원에 낙찰을 받았다면,

> 100만 원 × 12개월 = 1200만 원
>
> 1,200만 원 ÷ 1억2천만 원 = 10%

즉 10%의 수익률이 되는 고수익의 물건인 것이고, 매도를 시세에 맞춰 6% 수익률로 매도를 한다면

> 2억 원 − 1억2천만 원 = 8,000만 원

즉 8,000만 원의 차익이 생기는 것이다.

이렇듯 상가에서 제일 중요한 것이 수익률이다. 그다음으로 중요한 것이 바로 '향'인데 상가에서의 '향'은 가정집에서 말하는 남향, 동향이 아니다. 1층 상가의 경우 출입문의 위치가 어느 방향으로 나 있는가를 향이라 하고, 2층 이상 상가의 경우는 창문 방향이 향이다. 창문의 방향이 도로 쪽(간판 또는 창문에 광고가 가능하다)일 경우와 안쪽인 경우에 따라서 임대료의 차이가 크게는 두 배 이상 나고 심지어 안쪽의 상가(도로에서 안 보이는 쪽에 있는 상가)의 경우 창문 광고의 가시성이 좋지 않은 이유로 장기간 임차인을 못 들일 경우도 생긴다.

상가에서 주의할 사항은 가급적 유흥 중심의 상가는 조심스럽게 접근해야 한다는 것인데, 이유는 유흥 중심의 상가는 상권이 천천히 움직이기 때문이다. 지금은 괜찮은 듯싶어도 시간이 지나면서 느끼지 못할 정도로 천천히 상권이 이동하기 때문에 향후 공실의 위험이 매우 높다. 상가에 안전하게 투자하려면 배후 단지가 크고, 학원이나 병원, 독서실 등이 많이 몰려 있는 상가를 선택하는 것이 실패 확률이 낮다.

☑ **컴퓨터로 확인할 사항**
네이버 부동산 인근 매물(임대료추정), 상가건물 배치도, 평면도(도로쪽 확인), 지도(인근 시설확인), 상권분석프로그램 활용

☑ **현장에서 확인할 사항**
부동산 사무실 및 슈퍼 등 방문, 동네에서 지나가는 아주머니에게 탐문할 사항은 선호하는 학원, 병원 등이 있는 상가, 접근성 등

📍 토지

　토지의 경우 확인해야 하는 사항은 책 한 권을 따로 써야 할 정도로 방대하지만 몇 가지 큰 사항만 확인한다면 경매로 수익을 올리는 것은 가능하다.

　일반인들이 토지를 어렵게 생각하는 이유는 무엇보다 익숙하지 않아서다. 일반인들의 머릿속에 있는 부동산은 보통 '아파트'나 빌라 같은 구체적인 물건이다. 그러니 처음 토지를 공부하기 시작할 때, 현장에 임장을 가봐도 뭐가 다른 건지 도대체 알 수가 없다. 아무것도 없는 땅을 보는데, 만약 그 땅이 도심에 있는 땅이라면 그나마 다행이지만 산속에 있는 땅이나, 논, 밭이라면 무엇을 중점적으로 보아야 하는지 도통 알 수가 없다.

　토지에 관련된 많은 서적이나 강의들이 처음 시작할 때, 지역지구, 용도지역 등으로 시작해서 국토종합계획, 각 지자체의 도시계획 등을 설명하고 그것들을 참고해서 토지 투자를 해야 한다고 이야기한다.

　그러한 접근법이 틀렸다는 것이 아니지만 그리 현실적이지는 않다. 일반인, 특히 경매 입문자가 국토종합계획을 공부해서 그에 따라 토지 투자를 하는 것은 사실상 불가능하다. 현실적으로 불가능한 것인데도 그것을 공부하지 않으면 토지 투자를 하지 못할 것처럼 호도하는 경우를 자주 목격하게 된다. 게다가 그런 방법이 늘 좋은 결과를 내는 것도 아니다. 단순한 예로 10여 년 전, 개발계획을 참고해서 새

만큼 토지에 투자를 했던 분들은 의도치 않은 장기투자가 되어 돈이 묶여 이러지도 저러지도 못하고 있는 상태에 놓여 있기도 했다. 멀리 갈 것 없이, 여러분 주변에 토지 투자로 돈을 벌었다는 분들이 있다면, 그분들께 물어봐도 좋겠다. 과연 거창하게 개발계획을 공부하여 토지 투자를 했는지, 그로 인해 투자수익을 올릴 수 있었는지. 장담컨대 긍정하는 분들은 그리 많지 않을 것이다.

일반 투자자들은 일반 투자자들에게 맞는 방식이 따로 있다. 여건도 여력도 없는데 애써 전문 투자가들의 방법을 따라 할 필요는 전혀 없다. 만약 그게 가능한 일반 투자자라면, 차라리 그 좋은 머리를 다른 곳에 쓰는 것이 더 나을지도 모른다. 각설하고, 여기에 일반인들이 토지를 투자하는 방법을 익히는 아주 쉬운 방법을 몇 가지 적어보겠다. 어렵지도 않고, 거창한 준비가 필요하지도 않다.

먼저 이 책을 읽고 있는 장소(집이든 사무실이든)에서 잠깐 밖으로 나와서 주변을 살펴보자. 그리고 공원이나 도로, 주차장, 놀이터 등을 빼고 무언가 건물이 들어서야 할 것 같은데 아직 건물이 들어서지 않은 땅을 찾아보자.

사무실 등이 밀집해 있는 서울의 도심이나 오피스 지역이라면 이미 건물이 빼곡이 들어 차서 이런 땅이 눈에 보이지 않을 것이고 일부 주거지역이나 택지개발로 진행되었던 곳이나 시 외곽지역이라면 이러한 땅이 눈에 들어올 것이다.

만약 여러분이 도심에 있다고 한다면 인근에서 가장 노후되어 있는 건물이 있는 땅을 찾아서 잠시 이렇게 상상해보라. 지금 보이는 건물이 없고 저 땅이 나대지 상태라고 생각해보는 것이다.

혹시 당신이 일부 주거지역이나 택지개발로 진행되었던 곳이나 시외곽지역에서 주위를 둘러보고 있다면 건물과 건물 사이의 빈 땅을 바라보자. 그 빈 땅에 어떤 건물이 있을 거라고 상상할 수 있는가? 주변에 오피스 건물이 많은 지역이라면 오피스 건물이나 상가 건물이 떠오를 것이고, 주변에 원룸 건물이 많이 있다면 자연스레 외관이 멋진 원룸 건물이 떠오를 것이다. 주변에 단독주택이 많다면 단독주택이, 창고나 공장건물이 대다수라면 그것들이 떠오를 것이다.

무언가를 떠올렸다면 상상의 다음 단계로 넘어가자. 주변에 있는 다른 종류의 다른 건물에 비해 여러분이 떠올린 그 건물이 어떻다고 생각되는가? 만약 원룸 건물을 상상하였다면, 주변에 있는 원룸 건물보다 접근성이나 가시성, 교통 등이 상대적으로 우위에 있는가? 창고를 떠올렸다면 화물차의 동선이나 화주(임차인)들이 선호할 만한 무언가가 있는가? 주변과 유사한 건물이 아니어도 상관없다. 주거시설이 많이 몰려 있는 곳이라면 그 주거시설에 거주하는 사람들을 위한 상가나 여타의 시설이어도 상관없겠다. 중요한 건, 그 지역에 꼭 들어섰으면 하는 건물을 떠올리는 것이다. 일단은 복잡한 지역지구니, 용도제한이니 하는 말들은 접어두고 순수하게 그 '땅'만 바라보면서 이런저런 궁리를 하는 연습을 하자.

이런 방식이 숙달되었다면 이제 범위를 넓혀서 이제 막 개발이 진행되고 있는 수도권 인근으로 눈을 돌려서 같은 방법으로 여러 땅을 보면서 상상의 나래를 펴보자. 그리고 '나라면 저 땅에 이런 건물을, 이런 시설을 짓는다면 괜찮겠다' 싶은 땅의 번지수를 알아내어 인근의 설계사무소를 찾는다. 도심이라면 건축설계 사무소를, 외곽지역의 논, 밭, 임야라면 토목설계 사무소를 찾아가자. 알아낸 번지수를 설계 사무소에 알려주고 이러이러한 건물 또는 시설을 계획하고 있다고 어떠시냐고 질문을 하면 친절하게 설명을 해준다. 이건 되고, 저건 안 되고, 건물의 규모는 어느 정도까지 되고, 용도는 어떤 것이 되고 어떤 것이 안 되는지, 찾아간 사람이 땅 주인인지 아닌지 물어보지 않고 확인하지도 않는다. 꼭 땅 주인만 그런 계획을 세우란 법은 없으니까 설계 사무소 입장에서는 질문을 던지는 사람은 모두 잠재적 고객이다.

요점은 이것이다. 거창한 계획이나 자료보다는 먼저 '물건'을 보고 판단하는 게 우선이라는 것이다. 토지 투자로 돈을 번 앞집 아기 엄마나 친척들, 지인들이 계획관리 지역, 도시지역, 농업 진흥구역, 용적률, 건폐율, 군사시설 보호구역 등등 이러한 모든 법과 조건을 알고 투자를 하여 돈을 번 것이 아니다. 물론 그런 것들이 필요한 경우도 있고 중요하지 않은 건 아니지만 '물건'의 판단에 비하면 비중이 작고, 고려 순위에서도 낮다.

그러니 땅에 대해서 여러 가지 상상을 해보았을 때, 이렇게 저렇게 활용하면 좋은 땅이 되겠다는 판단이 들면, 그 이후에 각종 제한사항이나 관련 법규를 확인하는 것이고, 경매의 경우라면 추가적으로 여타의 권리관계상 문제점이 있는지를 확인하는 것이다. 조금 고상하게 말하면, 늘 강조하듯 '물건분석'이 먼저이고 '권리분석'이 나중이다.

그 뒤 해당하는 토지의 가격이나 인근 시세, 부동산사무실 등에 나와 있는 유사물건들의 모양, 접근성, 가격 등을 확인하여 그 토지의 적정평단가를 산출하면 토지 투자의 기반이 마련된 것이다. 적정평단가보다 싸면 매입을 고려한다. 그리고 그 싸게 매입하는 방법 중 하나가 경매다.

그리고 토지의 경우 일반매매 투자와는 다르게 경매시장에서는 몇 가지 수익을 볼 수 있는 투자 방법이 더 있다. 예를 들면 법정지상권 성립여지가 있는 토지나, 지분 물건 등이 그것인데 이에 대해서는 책 후반부에 설명하도록 한다.

☑ **컴퓨터로 확인할 사항**
인근 거래 사례(밸류맵 등 이용), 지도, 지역지구, 지적도, 도로, 감정평가서

☑ **현장에서 확인할 사항**
도로, 주변건물, 시설, 축사 등 혐오시설유무와 냄새, 부동산사무실 등에 나와 있는 유사물건들의 모양, 접근성, 가격 등

03

상호 보완 관계에 있는
물건분석과
권리분석

 경매를 처음 접하는 분들이 흔히 생각하는 가장 큰 오류가 '경매=권리분석'이라고 생각하는 것이다.

이러한 잘못된 인식이 생기게 된 이유는 제법 역사가 깊다.

1993년 5월 이후 입찰방식이 호가제에서 입찰제로 바뀌고, 2002년 7월부터는 각 법원의 재량으로 입찰제와 호가제를 선택적으로 적용할 수 있게 되어 일반인들까지 경매 참여의 기회가 확대되었다. 그래서 경매에 관심을 가지게 되는 일반인들이 늘어나자 민법에 대해 강의를 하던 분들이 민사집행법을 위주로 하여 '경매강의'를 시작하였고, 이분들 중 대다수가 실제 경매입찰에 대한 경험보다는 '법'에 대한 강의를 많이 하다 보니 자연스레 '경매=권리분석'이라는 공식이 일반인들에게 자리 잡게 되었다고 필자는 판단한다.

하지만 경매는 어디까지나 부동산 매입의 방법일 뿐이다. 경매를 하는 목적도 부동산을 싸게 사서 이윤을 남기기 위한 것이지 민법이나 민사집행법에 대해 연구하고 공부하기 위해서가 아니다. 권리분석이란 게 경매 투자에서 빼놓을 수 없긴 하지만 권리분석 이전에 물건분석이 먼저 이루어져야 한다. 물건도 없는데 권리분석을 대체 어디에 쓸 것인가?

이렇듯 경매는 부동산을 사는 한 가지 방법이기 때문에 경매투자를 할 때도 권리분석을 먼저 생각을 하는 것이 아니고 경매에 나와 있는 많은 물건을 검색해보면서 먼저 '물건'을 보는 안목을 길러야 한다. 그리고 그 확인한 물건들 중에서 자기가 투입할 수 있는 자금의 규모나 취향에 따라 어느 정도 압축을 한 후, 압축된 물건들에 대해서 권리분석상 하자에 대한 연구와 해결방법을 찾는 방식으로 공부를 하여야 한다.

그렇다면 어떻게 물건을 추릴 것인가?

먼저 이 장의 첫 글에 나왔던 「권리분석? 딱 2가지만 유의하라」에 따라 '첫 번째, 낙찰을 받았는데 추가로 돈을 더 물어주어야 하는 경우'와 '두 번째, 낙찰을 받았는데 소유권을 가져오지 못하는 경우'의 두 가지만 확인을 해서 물건들을 추려낸 뒤, 그중 좋아 보이는 물건을 빠르게 장바구니에 물건 담듯이 담아 놓는다. 검색하는 양에 따라서 다르지만 통상 빠르게 담은 물건의 수가 하루에 10개~15개 정도 되는 것이 보통이다.

그 이후 각 물건에 대해서 권리분석에 들어간다.

권리분석을 시작할 때 가장 먼저 '첫 번째, 낙찰을 받았는데 추가로 돈을 더 물어주어야 하는 경우'와 '두 번째, 낙찰을 받았는데 소유권을 가져오지 못하는 경우'를 다시 한 번 확인해주자. 기본적으로 물어줄 돈이 있는지 없는지, 그리고 낙찰 이후 소유권을 가져오지 못하는 선순위 권리가 있는지 없는지 확인한 후 나머지 권리분석에 들어간다.

경매의 권리분석에 확인할 사항은 다음과 같다.

1. 말소 기준 권리찾기

2. 인수하는 권리

3. 소멸하는 권리

4. 전세권 확인과 동일인인지 확인

5. 임차인 분석하기

6. 지상권 분석하기

7. 지역권 분석하기

8. 환매권 분석하기

9. 대위변제 가능성 분석하기

10. 유치권

11. 법정지상권

12. 지분물건 확인

13. 토지별도등기

14. 대지권미등기 건물 분석

이외에도 권리분석에 대한 사항은 수도 없이 많으나 경매 입문자가 알아야 할 사항은 1번~5번까지이고 그 이상의 권리분석사항은 경매를 계속해나가면서 습득하면 될 것이다.

위 언급된 1번~5번을 조금 더 자세하게 소개하면 이렇다.

1. **말소 기준 권리찾기**: (근)저당, (가)압류, 강제경매기입등기, 담보가등기

2. **인수하는 권리**: 선순위 대항력 있는 임차인, 선순위 가처분, 순위 보전을 위한 가등기, 선순위 용익물권, 환매등기, 전소유자의 가압류, 유치권, 법정지상권

3. **소멸하는 권리**: (근)저당권, 담보가등기, (가)압류, 말소 기준보다 후순위인 임차권, 가처분, 용익물권, 경매 신청한 전세권자

4. **전세권 확인**: 선순위 전세권인지 후순위 전세권인지 확인, 선순위전세권자라면 경매 신청인과 동일인인지 확인

5. **임차인 분석하기**: 선순위인지 후순위인지 확인, 선순위라면 배당을 받는지 못 받는지, 배당을 받을 경우 다 받는지 일부만 받는지 확인

1번~5번까지의 5가지 권리분석상 내용만 적용해도 빌라, 아파트, 상가까지의 권리분석은 어느 정도 가능하며, 필자 또한 초기에 위 5가지 사항만으로도 많은 수익을 낼 수 있었다. 그 이후의 권리분석내용은 경매투자의 수익을 맛보게 되면 자연스럽게 궁금증이 생기게 되는데, 그럴 때마다 틈틈이 알아나가면 된다.

권리분석상에 하자가 없거나 본인이 해결할 수 있는 하자라면 이제 다시 물건분석을 시작한다. 위에서 설명한 대로 각 물건에 대하여 '컴퓨터로 확인할 사항'과 '현장에서 확인할 사항' 중 컴퓨터로 확인할 사항에 대해서 확인했다면, 10~15개의 물건에서 5개 내외로 다시 압축하여 실제로 현장 확인 즉 '임장'을 간다.

임장 시에는 경매 사이트에서 해당 물건에 대한 일체의 자료를 출력하고 현황조사서 등의 내용과 실제 부동산을 비교, 분석하며 위에서 설명한 '현장에서 확인할 사항'을 중점적으로 탐문한다.

이 작업까지 진행하였다면 이제 물건을 '갖고 싶은 물건'과 '가면 좋고 아니면 말고' 하는 물건들로 나눌 수 있는데, 입찰 날짜, 운용 가능한 자금의 범위를 고려해 순위를 매겨 입찰계획을 세우면 된다.

직장에 다니는 독자라면, 권리분석과 '컴퓨터로 확인할 사항'은 평일 사무실이나 퇴근 후 집에서 진행하고 월요일부터 금요일까지 확인한 내용으로 주말에 현장 조사를 나가면 된다. 여기서 중요한 점은 이왕이면 일요일보다는 토요일이 좋다는 것인데, 토요일이 차는 많이 막혀도 결과적으로 이점이 많기 때문이다. 우선 현장 인근의 부동산 사무실이 일요일은 문을 닫는 경우가 많고, 토요일에 미처 못 본 것이 있으면 다음 날 다시 가서 확인할 시간적 여유가 생긴다.

물론 해당 물건이 만약 여러분이 잘 알고 있는 지역의 아파트 같은 시세파악이 용이한 물건이라면 굳이 현장조사를 시간 내서 따로 갈 것 없이 입찰 당일 조금 서둘러서 입찰 전 시간에 현장을 살펴보는 것도 괜찮은 방법이다.

04

실전 사례 1
초수가 할 수 있는
아파트 물건 사례
& 권리분석

 아래 샘플은 초수들도 1번부터 5번까지의 내용만 알면 충분히 입찰하여 수익을 남길 수 있는 물건이다.

경매 입문자용 물건 사례

사례 1 —— 충주아파트

소유자 점유물건, 경매물건 중 가장 쉬운 권리분석물건이다.

이 아파트에 주목한 이유는 가격 대비 수익률이 좋기 때문이었다. 게다가 종잣돈 500만 원 정도만 있으면 진행이 가능했다.

월세 임대를 하기 위한 수익형 부동산을 검토할 때에는 가장 중요한 것이 공실의 위험성에 대한 검토이고, 이 공실률만큼이나 중요한 것이 바로 수익률이다. 이 아파트의 경우에는 충주 시내의 주거지역 내에 있어 거주자들의 선호도가 좋은 지역이었고, 무엇보다 투자 대비 월세 수익률을 계산해보니 연 38%를 넘는 물건이었다.

수익률 계산:

투자비 470만 원, 임대료 월 25만 원, 은행이자 월 10만 원

(25만 원 − 10만 원) × 12개월 = 연 180만 원

180만 원 ÷ 470만 원 = 연 수익률 38.3%

충주 아파트 경매물건

1. 적용된 권리분석

- **소유자 거주** ➡ 임차인 아님 [낙찰 후 추가로 물어줄 돈 없음]

- **1순위(말소기준권리) 근저당** ➡ 선순위 가처분, 가등기 없음 [소유권 잃을 걱정 없음]

● 임차인현황 (말소기준권리 : 1990.10.31 / 배당요구종기일 : 2010.10.18)

===== 조사된 임차내역 없음 =====

기타사항	☞목적물에 수회 방문하였으나 항상 폐문부재로 거주자를 만나거나 연락을 취할 수가 없으며, 옆집주민들에게 문의를 해보았으나 목적물에 대해 알고 있는 사람이 없었음 / 목적물 소재지로 소유자를 세대주로 하는 전입자 이외 다른 전입자는 없었음

● 등기부현황 (채권액합계 : 84,688,366원)

No	접수	권리종류	권리자	채권금액	비고	소멸여부
1	1990.10.31	소유권 이전 (매매)	남■■			
2	1990.10.31	근저당	국민은행 (충주지점)	11,700,000원	말소기준등기	소멸
3	2009.11.25	압류	국민건강보험공단			소멸
4	2009.12.04	가압류	충북원예농협	52,988,366원		소멸
5	2009.12.22	가압류	신용보증기금	20,000,000원		소멸
6	2010.05.24	압류	충주시			소멸
7	2010.08.02	압류	충주세무서			소멸
8	2010.08.13	강제경매	충북원예농협	청구금액: 60,198,981원	2010타경6006, 충북예 농협 가압류의 본압류 로의 이행	소멸

충주 아파트 권리분석

---

2. 적용된 물건분석

- **시세**: 3,000만 원

- **보증금 ÷ 월세** = 500만 원 ÷ 25만 원

3. 매도금액

3,750만 원에 매도했다. 주식의 가치투자와 마찬가지로 이 아파트처럼 수익률 대비 저평가된 부동산은 반드시 제 가치를 찾아가게 되어 있다. 도중에 더 오를 때도 있었고, 후반부에는 가격이 떨어지기도 했지만 매도 시점은 크게 나쁘지 않았다. 매번 강조하지만, 월세를 받

고 있으면 매도 시기의 결정에서 다소 여유를 둘 수 있다.

No	년도	분기	전용면적(㎡)	계약일	층	거래금액(만원)	건축년도
13	2015	2	34.83	2015.6.11~20	2	3,950	1990
12	2015	2	34.83	2015.4.11~20	4	3,800	1990
11	2015	1	34.83	2015.3.21~31	3	3,700	1990
10	2015	1	34.83	2015.2.11~20	1	3,500	1990
9	2014	4	34.83	2014.10.21~31	1	4,000	1990
8	2014	1	34.83	2014.3.1~10	4	3,850	1990
7	2014	1	34.83	2014.2.11~20	1	3,950	1990
6	2014	1	34.83	2014.2.1~10	5	3,380	1990
5	2014	1	34.83	2014.1.11~20	3	3,750	1990
4	2014	1	34.83	2014.1.1~10	3	3,750	1990
3	2013	2	34.83	2013.6.11~20	1	3,300	1990
2	2013	2	34.83	2013.5.21~31	4	3,450	1990
1	2013	1	34.83	2013.2.21~28	3	4,000	1990

실거래가 상세내역 ○검색 : 13건 •최저가 : 3,300 •평균가 : 3,722 •최고가 : 4,000 34.83㎡

매도 시 실거래가

4. 수익분석

1) 투입자금

낙찰: 2천7백7십만 원

취등록세: 70만 원

부동산중개료등: 30만 원

계: 2천8백7십만 원

대출: 1천9백만 원

보증금: 5백만 원

➡ **투입자금: 2,870만 원 – 1,900만 원 – 500만 원(보증금) = 470만 원**

2) 수익

3년간 월세 수입은 540만 원이었다.

[25만 원(월세) – 10만 원(이자) = 15만 원 × 3년 × 12개월 = 540만 원]

매도: 3,750만 원 – 2,870만 원 = 880만 원

예상만큼은 아니었지만 매도 시기에는 제 가치를 찾았고, 그 타이밍에 맞춰 적당한 시기를 기다렸다가 매도를 한 케이스이다.

전반적인 부동산 경기의 변동이나 지역적 특성 등이 반영되기는 하지만, 대부분의 부동산은 자신이 가진 가치를 찾아가는 시기가 반드시 온다. 우리는 월세를 받으며 느긋하게 그 때를 기다리면 된다.

3년 총수익: 880만 원 + 540만 원 = 1,420만 원

470만 원을 투자하여 3년간 보유하면서 월세를 받다가 3년 뒤 매도한 충주물건인데, 월세수익과 매도차익을 합하면 1,420만 원의 수익을 본 물건이다.

연 수익률을 계산하면 다음과 같다.

1,420만 원 ÷ 3년 = 473만 원 / 년

즉 1년에 473만 원의 수익을 올린 셈인데 투입자금이 470만 원이 었느니 계산하기도 좋다. 연 수익률은 100%다.

1년 만에 투입원금 다 회수하고 2~3년 차에는 돈만 회수하는 물건 이었다.

사례 2 —— **영통 아파트**

후순위임차인 점유 물건, 경매물건 중 두 번째로 쉬운 권리분석 물건 종류이다.

이 아파트는 수원 영통에 위치한 아파트로, 1,829세대의 대단지 아파트이며, 특히 단지 내에 초등학교와 중학교가 있어 학부생들의 선호도가 높아 안정적인 수요가 뒷받침되는 아파트다.

사진 상의 낙찰가를 자세히 보면 감정가가 3억 원인데 낙찰가가 2억9천7백만 원이라 근접한 가격으로 낙찰을 받은 것처럼 보인다. 처음 경매를 접하는 분들이 의아해 하는 것 중 하나가 바로 이런 케이스인데, 얼핏 보면 경매의 이점이 없는 낙찰이라고 생각하기 쉽다. 감정가가 3억 원인데 2억9천7백만 원에 낙찰을 받으려면 그냥 편하게 인근부동산 사무실에서 평범하게 매매로 사면 될 것을 왜 굳이 어렵게 경매로 낙찰을 받느냐는 것이다. 하지만 모르는 소리다.

만약 인근 부동산에서 3억 원에 이 아파트를 살 수 있었다면 필자도 굳이 이 물건을 낙찰받지 않았을 것이다. 그리고 이런 점이 경매에서 초수와 중수를 가르는 중요한 차이점이기도 하다.

　입찰 전 이 아파트 인근의 부동산을 여러 곳 방문한 결과 3억2천만
원으로 나온 물건이 가장 낮은 금액이었다. 흔히들 이야기하는 '감정
가는 시세가 아니다'라는 말의 전형적인 사례인 것이다.

영통 아파트 경매물건

1. 적용된 권리분석

- **후순위임차인 거주** ➡ 낙찰 후 추가로 물어줄 돈 없음

- **1순위(말소기준권리) 근저당** ➡ 선순위 가처분, 가등기 없음[소유권 잃을 걱정 없음]

• 매각물건현황(감정원 : 동명감정평가 / 가격시점 : 2013.12.16 / 보존등기일 : 2002.01.28)

목록	구분	사용승인	면적	이용상태	감정가격	기타
건물	23층중 9층	01.12.05	84.9688㎡ (25.7평)	방3,거실,주방/식당,드레스 실,욕실2,현관,발코니 등	150,000,000원	• 도시가스 지역난방
토지	대지권		105545.1㎡ 중 46.7135㎡		150,000,000원	
현황 위치	잠원초등학교 남측 인근에 위치하며 주위는 대단위 아파트단지와 각급학교, 근린생활시설 등이 소재하는 아파트지대로서 제반 주위환경 보통임 • 본건 까지 제반 차량접근 가능하며 인근에 노선버스정류장 등이 소재하여 교통여건은 무난함 • 부정형의 토지로서 인접지와 등고 평탄하며 아파트 건부지로 이용중임 • 단지내 아스팔트 포장도로 개설되어 있으며 외곽 공도와 연계됨					

• 임차인현황 (말소기준권리 : 2003.07.09 / 배당요구종기일 : 2014.02.01)

임차인	점유부분	전입/확정/배당	보증금/차임	대항력	배당예상금액	기타
양영애	주거용 일부	전 입 일 : 2013.02.01 확 정 일 : 2014.01.23 배당요구일 : 2014.01.23	보40,000,000원	없음	소액임차인	
기타사항	☞목적물에 대하여 2차에 걸쳐 현황조사차 방문하였으나 폐문부재로 소유자 및 점유자를 만나지 못하였으며, 이에 '안내문'을 부착하여 두었으나 점유자들의 신고가 없어 점유관계를 확인할 수 없으므로 관할 동사무소에 전입세대를 열람한 바, 소유자 가구이외에도 별지목록과 같이 임차인으로 추정되는 전입신고된 자가 있었음					

• 등기부현황 (채권액합계 : 345,800,000원)

No	접수	권리종류	권리자	채권금액	비고	소멸여부
1(갑2)	2002.03.13	소유권이전(매매)	김철형			
2(을2)	2003.07.09	근저당	우리은행 (영통기점)	127,200,000원	말소기준등기	소멸
3(을4)	2007.07.25	근저당	우리은행	106,800,000원		소멸
4(을5)	2011.09.29	근저당	에이치케이저축은행	111,800,000원		소멸
5(갑3)	2013.12.12	임의경매	우리은행 (여신관리부)	청구금액: 200,273,271원	2013타경66224	소멸

파밀리온자산관리 부실채권상담	채권담당자 : 손우정 차장 (☎ 02-2184-7421)		저당금액 : -원 / 협의금액 : 협의

영통 아파트 권리분석

2. 적용된 물건분석

- 낙찰가 2억9천6백5십만 원

- 시세는 3억2천만 원 이상

3. 매도금액

65	2014	4	84.9688	2014.10.11~20	10		31,600	2001
64	2014	4	84.9688	2014.10.11~20	13		32,400	2001
63	2014	4	84.9688	2014.10.21~31	19		32,700	2001
62	2014	4	84.9688	2014.10.21~31	17		33,000	2001
61	2014	4	84.9688	2014.10.11~20	19		32,500	2001
60	2014	4	84.9688	2014.10.11~20	21		32,600	2001
59	2014	4	84.9688	2014.10.11~20	6		31,500	2001
58	2014	3	84.9688	2014.9.1~10	17		32,000	2001
57	2014	3	84.9688	2014.9.1~10	9		31,600	2001
56	2014	3	84.9688	2014.9.1~10	10		30,900	2001
55	2014	3	84.9688	2014.9.1~10	19		32,200	2001
54	2014	3	84.9688	2014.9.11~20	20		32,500	2001
매도 시 실거래가								

이 사례의 경우 필자가 낙찰을 받은 물건은 로열층이고 부분 리모 델링이 되어 있던 집이라서 당시의 매매가인 3억2천만 원 이상으로 도 매도가 가능하였지만 단타로 접근한 물건이었기에 가격조정을 하 고 매도를 한 케이스이다.

4. 수익분석

1) 투입자금

낙찰가: 2억9천6백7십만 원

취등록세: 330만 원

기타비용(부동산중개료 등): 200만 원

계: 3억2백만 원

대출: 2억1천만 원(70%, 제2금융권)

➡ **투입자금: 296,700,000원 − 210,000,000원 = 85,700,000원**

2) 수익

　매도: 316,000,000원 − 302,000,000원 = 14,000,000원(세전)

　이 물건은 8천5백7십만 원을 투자하여 5개월 만에 매도한 수원 영통 물건인데, 세전 매도차익 1천4백만 원의 수익을 본 물건이다.

　연 수익률을 계산하면 다음과 같다.

> (1천4백만 원 ÷ 5개월) = 280만 원 / 월
>
> 280만 원 × 12개월 = 3,360만 원(연 수익)
>
> (3,360만 원 ÷ 8,570만 원) × 100 = 39%

　즉, 39%의 수익률이 나오는 물건(세전)이다.

사례 3 ── 분당 아파트

　선순위 임차인이지만 전액 배당 받아 나가는 물건으로 경매물건 중 세 번째로 권리분석이 쉬운 물건 종류다.

　분당 수내역과 롯데백화점 분당점 등의 편의시설에 근접한 아파트로 필자가 항상 강조하는 '팔 때 그리고 임대 놓을 때 갑의 위치에 있을 수 있는 부동산'의 대표적인 케이스라 할 만한 물건이다. 해당 층

도 전체 15층 중 10층으로 로열층에 해당하고 해당 지역 자체가 지하철역과 백화점, 상가 등의 편의시설도 매우 가까워서 독신 직장인들이 선호하는 지역이다.

이 아파트의 입찰을 위해 임장(현장조사)을 가서 몇 가지 확인을 하였는데, 두 가지 다른 입장으로 확인을 진행했다. 인근 부동산사무실들을 방문하며 한 곳에서는 '아파트를 사려고 한다'는 입장에서, 또 다른 곳에서는 '아파트를 팔려고 한다'는 입장에서 확인했다. 이렇게 두 가지 상반된 입장으로 임장을 하면 여러 모로 유익한 점이 많다. 그 결과 필자는 아파트 시세 1억8천5백만 원이 적정 매도가라고 판단을 하였다.

그리고 물건에 따라서 점유자를 입찰 전에 만나야 하는 경우도 있고, 만나지 말아야 하는 경우도 있는데, 이 사례의 아파트의 경우에는 사전에 해당 아파트를 찾아가서 점유자를 만나서 이야기를 나누어보았다. 점유자는 선순위 임차인으로서 전입신고와 확정일자, 배당신청을 한 상태이고 자기는 낙찰 후 배당만 받게 되면 이사를 나갈 것이라고 했다. 그러다 어디서 들었는지 이사비를 달라고 해서 필자가 상세히 설명을 해주었다.

"임차인께서는 보증금을 전액 받아 나가시고, 배당신청을 한 것은 임대차 관계를 더 이상 지속하지 않겠다는 의미이며, 이 경우는 전세를 들어왔다가 전세금을 다 받고 나가는 경우와 같기 때문에 이사비는 해당사항이 없습니다."

간혹 경매를 하다 보면 점유자들 중에서 특히 소유자(정확하게는 전 소유자)가 이사비를 당연한 듯 요구하는 경우가 있는데, 그 요구를 들어주는 것과는 별개로 사실 여부는 분명히 알고 있는 편이 좋다. 뒤에 잠깐 언급을 하겠지만 명도시에 '이사비'라는 것은 어디에도 없는 단어이다.

다만 낙찰자 입장에서는 점유자가 빨리 집을 비워주면 월세 수입이 보다 빨리 생기게 되고, 은행대출 이자비용이 나가는 것에 대한 부담이 적어지기 때문에 이사비를 고려하는 것인데 잘못된 정보를 주변 사람들에게서 들은 점유자가 마치 당연한 듯 이사비를 요구하는 경우가 자주 있다. 특히 경매를 당한 사람 주변에는 브로커들이 한두 명씩 끼어들어 이런저런 조언을 하는 경우가 있는데, 잘못된 경매지식을 가지고 점유자에게 조언을 하는 경우가 대다수이다.

그래도 소유자나 보증금을 날리게 된 임차인에게는 이사비를 주는 경우가 통상적인데, 이때 이사비는 강제집행을 할 경우 발생되는 비용 정도의 선에서 마무리하면 된다. 즉 강제집행을 하게 되면 낙찰자나 점유자 어느 누구에게도 이득이 없으므로 이왕이면 강제집행에 들어가는 돈을 계산하여 양자 간에 나눠 갖든지 아니면 이사비로 주면 된다. 이때 비용은 대체로 물건의 평수×10만 원 선이면 적정하다. 즉 30평 아파트일 경우, 이사비 산출은 30평×10만 원 = 300만 법적으로 강제된 사항은 아니지만, 사람 대 사람 사이의 일이기에 가급적 원만하게, 그러면서도 단호하게 대처하는 편이 좋다.

경매개시 60 ▶ 배당요구종기일 52 ▶ 최초진행 35 ▶ 매각 16 ▶ 납부 37 ▶ 배당종결(200일 소요)

2008타경

● 수원지방법원 성남지원 ● 매각기일 : 2008.10.13(月) (10:00) ● 경매 3계 (전화:031-737-1323)

소재지	경기도 성남시 분당구 수내동 24, 양지마을한양아파트 512동 10층 도로명주소검색						
물건종별	아파트(14평형)	감 정 가	180,000,000원	오늘조회: 1 2주누적: 3 2주평균: 0 조회동향			
대 지 권	26.158㎡(7.913평)	최 저 가	(80%) 144,000,000원	구분	입찰기일	최저매각가격	결과
건물면적	35.1㎡(10.618평)	보 증 금	(10%) 14,400,000원	1차	2008-09-08	180,000,000원	유찰
매각물건	토지·건물 일괄매각	소 유 자	강■■	2차	2008-10-13	144,000,000원	
개시결정	2008-05-19	채 무 자	강■	낙찰 : 167,511,000원 (93.06%)			
사 건 명	임의경매	채 권 자	박■■	(입찰6명,낙찰:조 ■■■)			
				매각결정기일 : 2008.10.20 - 매각허가결정			
				대금납부 2008.10.29 / 배당기일 2008.12.05			
				배당종결 2008.12.05			

사진	건물등기	감정평가서	현황조사서	매각물건명세서	세대열람내역서	기일내역	문건/송달내역
전자지도	전자지적도	로드뷰	온나라지도+				

● **매각물건현황**(감정원 : 한양감정평가 / 가격시점 : 2008.05.28)

목록	구분	사용승인	면적	이용상태	감정가격	기타
건물	15층 중 10층		35.1㎡ (10.62평) (14평형)	방2,욕실등	126,000,000원	● 지역난방 ● 준공:1992.04
토지	대지권		131566.8㎡ 중 26.158㎡		54,000,000원	
현황 위치	● 분당고등학교 북서측 인근 위치, 북동측으로 '수내2길'에 접함 ● 주위는 대규모 아파트단지, 근린생활시설 및 학교등이 혼재한 아파트지대임 ● 북서측 인근 성남대로, 남동측 내정로 통과, 인근에 버스정류장, 지하철 분당선 수내역 소재					

● **임차인현황**(말소기준권리 : 2006.03.28 / 배당요구종기일 : 2008.07.18)

분당 아파트 경매물건

1. 적용된 권리분석

- **선순위임차인 거주** ➡ 확정일자+배당신청함 [낙찰후 추가로 물어줄 돈 없음]
- **1순위(말소기준권리) 근저당** ➡ 선순위 가처분, 가등기 없음[소유권 잃을 걱정 없음]

• 매각물건현황(감정원 : 한양감정평가 / 가격시점 : 2008.05.28)

목록	구분	사용승인	면적	이용상태	감정가격	기타
건물	15층 중 10층		35.1㎡ (10.62평) (14평형)	방2.록실등	126,000,000원	• 지역난방 • 준공 : 1992.04
토지	대지권		131566.8㎡ 중 26.158㎡		54,000,000원	
현황 위치	• 분당고등학교 북서측 인근 위치,북동측으로 '수내2길'에 접함 • 주위는 대규모 아파트단지,근린생활시설 및 학교등이 혼재한 아파트지대임 • 북서측 인근 성남대로,남동측 내정로 통과,인근에 버스정류장,지하철 분당선 수내역소재					

• 임차인현황 (말소기준권리 : 2006.03.28 / 배당요구종기일 : 2008.07.18)

임차인	점유부분	전입/확정/배당	보증금/차임	대항력	배당예상금액	기타
김정훈	주거용 미상	전 입 일 : 2002.06.28 확 정 일 : 2002.06.28 배당요구 : 2008.07.14	보75,000,000원	있음	순위 배당가능	2차)확정 : 2005.04.06
임차인분석	☞김정훈 : 2002.06.28 보증금 55,000,000원에 대한 확정일자를 받고, 2005.04.06 보증금 증액분 20,000,000원에 대한 확정일자를 추가로 받음 ▶매수인에게 대항할 수 있는 임차인 있으며, 보증금이 전액 변제되지 아니하면 잔액을 매수인이 인수함					

• 등기부현황 (채권액합계 : 145,556,389원)

No	접수	권리종류	권리자	채권금액	비고	소멸여부
1	2002.10.25	소유권 이전 (매매)	강동엽			
2	2006.03.28	근저당	박영자	19,500,000원	말소기준등기	소멸
3	2006.04.06	근저당	박종윤	50,000,000원		소멸
4	2006.09.25	가압류	한국씨티은행	15,136,713원		소멸
5	2006.11.13	가압류	임영호	20,000,000원		소멸
6	2007.12.31	압류	국민건강보험공단			소멸
7	2008.05.09	가압류	서울보증보험(주)	40,919,676원		소멸
8	2008.05.19	임의경매	박종윤	청구금액 : 50,000,000원	2008타경 8470	소멸

분당 아파트 권리분석

2. 적용된 물건분석

- 낙찰가 1억6천7백5십만 원
- 시세는 1억8천5백만 원~1억9천만 원

3. 매도금액

매매,전세 실거래가 통계 (면적별)

매매(만원)					전세(만원)				
전용면적(㎡)	건수	최저	평균	최고	전용면적(㎡)	건수	최저	평균	최고
26.16	3	14,950	14,983	15,000	검색결과 없습니다.				
35.1	17	15,500	18,144	19,500					
42.56	4	20,000	22,075	24,000					
48.51	6	27,700	29,283	32,000					

실거래가 상세내역 ● 검색 : **17** 건 ● 최저가 : **15,500** ● 평균가 : **18,144** ● 최고가 : **19,500** [35.1㎡ ▽]

No	년도	분기	전용면적(㎡)	계약일	층	거래금액(만원)	건축년도
17	2009	3	35.1	2009.9.11~20	5	18,300	1993
16	2009	3	35.1	2009.9.1~10	8	18,500	1993
15	2009	3	35.1	2009.9.1~10	10	19,000	1993
14	2009	3	35.1	2009.9.1~10	15	18,300	1993
13	2009	3	35.1	2009.8.21~31	1	15,500	1993
12	2009	3	35.1	2009.8.21~31	15	17,600	1993
11	2009	3	35.1	2009.8.21~31	15	17,700	1993
10	2009	3	35.1	2009.8.21~31	14	18,600	1993

매도 시 실거래가

4. 수익분석

1) 투입자금

낙찰가: 1억6천7백5십만 원

취등록세 등: 380만 원

도배 장판 등: 50만 원

부동산중개료 등 : 120만 원

계: 1억7천3백만 원

대출: 1억3천만 원(80%, 제2금융권)

➡ **투입자금: 1억7천3백만 원 − 1억3천만 원 = 4천3백만 원**

2) 수익

매도: 1억9천만 원 – 1억7천3백만 원 = 1천7백만 원

이 물건은 4천3백만 원을 투자하여 1년 뒤 매도한 분당물건인데, 세전 매도차익 1천7백만 원의 수익을 본 물건이다.

연 수익률을 계산하면 다음과 같다.

(1천7백만 원 ÷ 4천3백만 원) × 100 = 39.5%

즉, 39.5%의 수익률이 나오는 물건(세전)이다.

요즘은 수도권 인근에서 이정도의 수익이 나는 아파트물건은 찾기 힘들다. 하지만 눈을 전국으로 돌리면 아직 이런 물건이 남아 있다. 서두에 얘기한 대로 95%의 쓰레기 물건을 제외하고 시간과 노력을 들여 찾아보면 반드시 찾을 수 있다.

여담으로 이 아파트를 계속 보유하고 있었다면 가치는 얼마가 될까? 한번 다음 표에서 찾아보기 바란다. 표는 2018년을 기준으로 했지만 직접 컴퓨터를 켜고 찾아봐도 좋다.

매매,전세 실거래가 통계 (면적별)

매매(만원)					전세(만원)				
전용면적(㎡)	건수	최저	평균	최고	전용면적(㎡)	건수	최저	평균	최고
28.16	7	28,800	30,661	34,000	28.16	19	14,500	16,131	17,500
35.1	18	34,800	38,977	48,250	35.1	78	15,000	19,848	22,000
42.56	16	38,000	43,418	52,000	42.56	44	19,000	23,409	27,000
48.51	8	50,700	57,337	64,000	48.51	36	19,000	27,611	31,000

실거래가 상세내역 🔍 검색 : **18** 건 • 최저가 : 🔲 34,800 • 평균가 : 🔲 38,978 • 최고가 : 🔲 48,250   [35.1㎡ ▼]

No	년도	분기	전용면적(㎡)	계약일	층	거래금액(만원)	건축년도
18	2018	3	35.1	2018.9.11~20	14	48,250	1993
17	2018	3	35.1	2018.8.21~31	1	38,000	1993
16	2018	3	35.1	2018.8.11~20	13	42,250	1993
15	2018	3	35.1	2018.8.11~20	7	41,500	1993
14	2018	2	35.1	2018.5.21~31	5	41,800	1993
13	2018	2	35.1	2018.5.21~31	1	37,000	1993
12	2018	1	35.1	2018.2.11~20	7	39,500	1993
11	2018	1	35.1	2018.2.11~20	2	38,900	1993
10	2018	1	35.1	2018.2.11~20	14	39,500	1993

2018년도 실거래가

　지금까지 초수도 수익을 낼 수 있는 물건 위주로 경매에 관해 다뤄보았다. 위 세 가지 사례는 여러분이 책을 다 읽고 덮는 순간에 바로 시작할 수 있는 정도로 권리분석이 쉬운 물건들이다. 권리분석이 쉬운 물건들 중에서도 이렇듯 좋은 수익률을 가져올 수 있는 물건이 있다. 특히 유의해서 봐야 할 사항은 위 세 물건 중 두 물건이 감정가와 비슷한 금액으로 낙찰을 받았다는 것이다.

　자신의 공부가 남들보다 떨어진다면 방법은 하나, 남들보다 먼저, 남들보다 많이 움직여서 시세보다 감정가가 낮게 책정이 되어 있는 물건에 신건으로 들어갈 수 있는 물건을 먼저 찾아보자.

　덧붙이자면, 위 사례들은 특수권리나 복잡한 권리관계가 있는 물건이 아니고, '임차인이 선순위인지 아닌지' 정도만 파악해도 입찰이 가능한 물건이다. 행여나 '요즘에 저런 물건이 어딨어'라는 자조적인 평가도 대지 말기를 바란다. 본인의 눈에 띄지 않는다고 실제로도 없는 것은 아니다. 단지 거기까지 찾아볼 생각을 하지 못했을 뿐이다. 경매로 수익을 내는 건 가능하지만, 모두가 경매에서 성공하지 못하는 것은, 경매 역시 세상 다른 일과 마찬가지로 어느 정도의 시간과 노력을 투자해야 성과를 내는 일이기 때문이다.

경매 초기부터 허황된 수익률을 좇기보단 적은 수익률이라도 차근차근 실천해나가면서 경매투자자로서 자리를 잡기 바란다.

05

실전 사례 2
중수가 할 수 있는 상가
물건 사례 & 권리분석

 빌라와 아파트 등 권리분석이 간단한 경매투자로 감을 익혔다면, 이제 수익형 부동산의 대명사인 상가경매에 도전해보자.

빌라, 아파트만 찾아다니던 시절이 초수라면, 초수 딱지를 떼는 첫걸음이 바로 상가경매다. 상가경매는 빌라나 아파트 등 주거용 건물의 경매 접근방식과 전혀 다른 방식과 기준을 가지고 있다.

상가경매시에 먼저 염두에 둘 사항은 바로 '임차인'인데, 어떠한 경우에서라도 상가경매를 할 때는 '내가 만약 임차인이라면 이 상가에 이 월세를 내고 임대를 들어오겠는가?'를 항상 생각해야 한다.

춘천 상가

이 물건은 춘천에 위치한 스크린골프장 경매 건이다.

위성사진을 보게 되면 상가가 모여 있는 주변으로 900세대 규모의 아파트 단지들이 상가들을 포위하여 둘러싸고 있는 형상이다. 필자가 가장 선호하는 형상이기도 하다.

통상적으로 사람들이 생각하는 상가, 즉 경리단길이니 가로수길 같은 유행 타는 상가는 위험하다. 임대용 부동산에서 가장 조심해야 하는 것이 바로 공실인데, 이런 상가들은 유행에 따라 공실이 될 가능성이 늘 따라다닌다.

아파트나 빌라 같은 주거용 부동산의 경우에는 편의시설이나 교통이 조금 안 좋더라도 임대료가 싸다면 임대가 나가지만 상가의 경우에는 임대료가 싸다고 임차인이 들어오는 것이 아니다. 임차인의 입장에서는 그 상가를 이용해서 수익을 발생시켜야 하기 때문이다.

춘천의 상가물건은 면적이 121평으로 6층 전체를 스크린골프장과 골프연습실로 사용하고 있었다. 입찰 전에 점유자인 전 소유자와 임대차계약에 대해서 합의를 마친 상태여서 공실의 위험성을 제거하였고, 기업은행 대출 담당과 대출금액과 금리에 대해서도 이야기가 끝난 상태여서 마음 편하게 입찰서를 제출하였다.

또한 상가 입찰 시 고려해야 하는 관리비 문제도 전 소유자가 계속 스크린골프장을 운영하기로 했기 때문에 미납관리비에 대한 문제도 발생하지 않았던 케이스다.

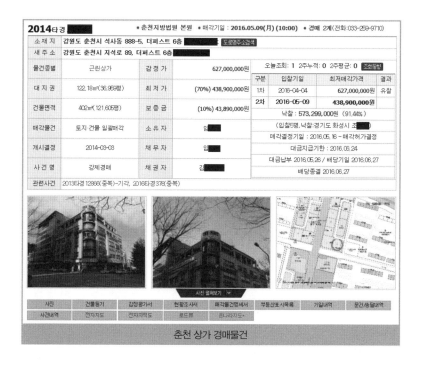

2014타경		● 춘천지방법원 본원 ● 매각기일 : **2016.05.09(月) (10:00)** ● 경매 2계(전화:033-259-9710)				
소재지	강원도 춘천시 석사동 888-5, 더퍼스트 6층 ⬛⬛⬛ : 도로명주소검색					
새주소	강원도 춘천시 지석로 89, 더퍼스트 6층 ⬛⬛⬛					
물건종별	근린상가	감정가	627,000,000원	오늘조회: 1 2주누적: 0 2주평균: 0 조회동향		
대지권	122.18㎡(36.959평)	최저가	(70%) 438,900,000원	구분 / 입찰기일 / 최저매각가격 / 결과		
				1차 / 2016-04-04 / 627,000,000원 / 유찰		
건물면적	402㎡(121.605평)	보증금	(10%) 43,890,000원	2차 / 2016-05-09 / **438,900,000원**		
매각물건	토지·건물 일괄매각	소유자	임⬛	낙찰 : 573,299,000원 (91.44%)		
개시결정	2014-03-03	채무자	임⬛	(입찰5명,낙찰:경기도 화성시 조⬛) 매각결정기일 : 2016.05.16 - 매각허가결정		
사건명	강제경매	채권자	김⬛⬛⬛	대금지급기한 : 2016.06.24 대금납부 2016.05.26 / 배당기일 2016.06.27 배당종결 2016.06.27		
관련사건	2013타경 12866(중복)-기각, 2016타경376(중복)					

사진	건물등기	감정평가서	현황조사서	매각물건명세서	부동산표시목록	기일내역	문건/송달내역
사건내역	전자지도	전자지적도	로드뷰	온나라지도+			

춘천 상가 경매물건

1.개요

감정가: 627,000,000원

최저가: 438,900,000원

낙찰가: 573,299,000원 (91.4%)

2.임대가

1차조사시: 보증금 5,000만 원 / 월세 350만 원

2차조사시: 보증금 1억원 / 월세 300만 원

3. 상권조사

먼저 인근 임대시세 조사를 하는데, 처음에는 부동산사무소 및 지역신문 등을 활용한다.

인근 임대시세 조사

지역신문을 활용한 인근 임대시세 조사

4. 임장 당시의 스크린골프장 운영 현황

골프연습장과 스크린골프 병행 운영

매출 – 11월, 12월, 1월, 2월: 약 1,800~2,200만 원 / 월

3월, 4월, 5월, 6월: 약 1,000~1,200만 원 / 월

7월, 8월, 9월, 10월: 약 1,500만 원 / 월

경비 – 관리비: 150~200만 원

음료수 등: 100만 원

경비 합계: 약 300만 원

5. 1차 임차인 면담(입찰 전) 2014.5.5.일 면담 요약 (약 2~3시간)

- 소유자 남편 박**(54세) 은 레슨 프로이고 아들(20세)이 작년에 프로 자격을 취득함.
- 춘천 인근 전원주택 개발 사업에 투자했다가 자금이 묶여서 본 건물이 경매로 나왔다고 함.
- 소유자 남편이 실질적인 소유자이고 얘기 중에 여기에서 계속 영업을 하고자 하는 의사를 피력함(명도 불필요).

6. 2차 임차인 면담(낙찰 후) 2014.5.9. 면담 요약 및 계약 체결

- 현 임차인이 다른 사람에게 스크린골프장의 양도양수 전까지 보증금 1,000만 원 / 월세 350만 원 으로 임대차계약
- 현 임차인이 다른 사람에게 양도 양수할 때에는 보증금 5,000만 원/월세 350만 원으로 진행하기로 하였다.

7. 예상 수익률 분석

구 분	상세내역		비 율	금 액
감정가			100%	627,000,000
초기 투자 비용	낙찰	희망낙찰가	91.4%	573,299,000
		은행대출	86.9%	498,000,000
		입찰보증금		43,890,000
		자기자본		31,409,000
	세금	취득세	4%	22,931,960
		교육세	0.40%	2,293,196
		농특세		
	등록세 설정비용		0.18%	1,031,938
	교육세 설정비용		0.09%	518,166
	주택채권 매입비용(할인)		0.06%	345,444
	법무비용		0.45%	2,590,831
	명도비용(이사비용)			
	소유권 이전까지의 비용			105,010,535
	리모델링 비용(인테리어등)			
	중개 수수료			
	체납관리비			
	첫 번째 은행이자			
	두 번째 은행이자			
	초기 실투자비용			105,010,535
월세 임대시	보증금		0.18%	50,000,000
	은행대출 반환		0.09%	
	투자비 반환 비용		0.06%	
	월세시 투자비용			55,010,535
	매달 월세 수익			3,300,000
	1년 월세 수익		12%	39,600,000
	은행대출			498,000,000
	매달 이자		4%	1,660,000
	1년 이자		4%	19,920,000
	1년 수익			19,680,000
	매달 수익			1,640,000
	투자금 대비 수익률			35.77%
	총 투자비			603,010,535

입찰 전에 작성한 예상수익률표이다. 실제로도 이와 비슷한 수준으로 수익이 났다.

8. 실제 수익률

구 분	상세내역		비 율	금 액
감정가			100%	627,000,000
초기 투자 비용	낙찰	희망낙찰가	91.4%	573,299,000
		은행대출	90.0%	515,970,000
		입찰보증금		43,890,000
		자기자본		13,439,000
	세금	취득세	4%	22,931,960
		교육세	0.40%	2,293,196
		농특세		
	등록세 설정비용		0.18%	1,031,938
	교육세 설정비용		0.09%	518,166
	주택채권 매입비용(할인)		0.06%	345,444
	법무비용		0.45%	2,590,831
	명도비용(이사비용)			
	소유권 이전까지의 비용			87,040,535
	리모델링 비용(인테리어등)			
	중개 수수료			
	체납관리비			
	첫 번째 은행이자			
	두 번째 은행이자			
	초기 실투자비용			87,040,535
월세 임대시	보증금		0.18%	40,000,000
	은행대출 반환		0.09%	
	투자비 반환 비용		0.06%	
	월세시 투자비용			47,040,535
	매달 월세 수익			3,300,000
	1년 월세 수익		12%	39,600,000
	은행대출			515,970,000
	매달 이자		4%	1,719,900
	1년 이자		4%	20,638,800
	1년 수익			18,961,200
	매달 수익			1,580,100
	투자금 대비 수익률			40.31%
	총 투자비			603,010,535

임대차 계약 후의 실제 수익률표이다. 물건의 위치가 좋아 대출 실
행률이 조금 더 높게 나왔다. 투입금액 4,700만 원에 매달 은행이자를

빼고 158만 원의 수익이 남게 되었고, 이후 약 1년간 임대를 지속하다가 6억7천만 원에 매도를 하게 된 투자사례다.

미납관리비에 대한 처리

특히 상가 경매시에는 미납관리비가 큰 요소가 되는데 아래의 판례를 참고하자.

> 집합건물의 공용부분은 전체 공유자의 이익에 공여하는 것이어서 공동으로 유지·관리해야 하고 그에 대한 적정한 유지·관리를 도모하기 위해서는 소요되는 경비에 대한 공유자 간의 채권은 이를 특히 보장할 필요가 있어 공유자의 특별승계인에게 그 승계 의사의 유무와 관계없이 청구할 수 있도록 집합건물법 제18조에서 특별규정을 두고 있는바, 위 관리규약 중 공용부분 관리비에 관한 부분은 위 규정에 터잡은 것으로서 유효하다고 할 것이므로, 아파트의 특별승계인은 전 입주자의 체납관리비 중 공용 부분에 관하여는 이를 승계하여야 한다고 봄이 타당하다.
>
> – 대법원 2001.9.20. 선고 2001다8677 전원합의체 판결

요약하면 공용부분은 낙찰자가 내야 하고, 전유부분은 안 내도 된다는 것이다.

전 소유자가 체납한 공용부분 관리비가 존재하더라도 그중에서 3년이 경과된 관리비에 관해선 낙찰자는 전 소유자의 소멸시효 항변권을 원용하여 그 채권에 대해선 부담하지 않을 수 있다. 민법 제163조에서 3년의 단기소멸시효에 걸리는 채권은 '1년 이내의 기간으로 정한 채권'으로 1개월 단위로 지급해야 하는 집합건물의 관리비는 이에 해당이 된다.

– 대법원 2007.2.22. 선고 2005다65821 판결

따라서 낙찰자는 3년이 지난 관리비에 관해선 부담하지 않아도 된다. 즉, 3년이 넘은 관리비는 안 내도 된다는 것이다.

위법한 단전, 단수로 인해 건물을 사용, 수익하지 못했다면 당연히 관리비에 대한 부담은 없고 오히려 관리단에게 해당 건물의 임료상당의 손해배상에 대한 책임을 물을 수 있다.

– 서울고법 2007.4.12. 선고 2006나17760

만약에 상가를 낙찰받았는데 상가관리단 등에서 관리비를 받아내기 위해서 단전, 단수 등을 한다면 위의 판례를 참고하여 대응하면 좋겠다.

위의 판례들은 상가 경매 시 매우 중요한 체크포인트인 '관리비'에 대한 판례인데, 판례는 변할 가능성이 있기 때문에 입찰을 염두에 둔

상가에 미납관리비가 있다면 입찰 전에 최신판례를 꼭 확인하고 입찰하자.

임차인의 상태를 확인하라

상가경매를 하다 보면 정말 중요한 것이 바로 임차인의 사업, 또는 장사가 잘 되는지 안 되는지의 여부이다.

상가 경매를 하기 전, 항상 임차인의 상태를 확인해야 하는데 상가의 입주 업종이 만약 영어학원이라면 수강생 수, 수강생 1명당 학원비 금액 등을 확인하여 대략적인 매출을 확인하고, 지출이 되는 항목을 수소문하여 개략적으로라도 적자 상태인지, 흑자 상태인지 확인을 해야 한다.

수강생 수와 학원비는 학원에 수강을 문의하면서 확인하면 알 수 있고, 지출 또한 학원 버스는 몇 대인지와, 원어민, 내국인 강사의 수 등으로 확인할 수 있다.

또 만약에 독서실을 임차하고 있는 상가라면 책상 개수, 월별 계절별 학생 수 등의 매출 부분과 버스 운영 여부, 관리비 등의 지출내역에 대한 개략적이나마 계산해보는 것이 좋다.

스크린골프장이 들어와 있다면 마찬가지로 방 개수와 매출, 지출내역 등을 파악하여야 한다.

이러한 매출은 소상공인 상권정보시스템(http://sg.sbiz.or.kr)에 들어가서 지역을 검색해보면 대략적이나마 확인할 수 있다.

그리고 필자의 경험상 임차인이 인테리어나 시설비에 많이 투자한 상태라면 그 임차인과 재계약을 할 수 있는 확률이 매우 높아 낙찰과 동시에 월세 수익을 확보할 수 있는 경우가 대다수였다. 실제로 필자의 경우 대부분의 상가경매 시 현 임차인과의 재계약을 통해 따로 임차인을 구하는 고생과 은행이자 손실을 최소화했다.

간혹 상가경매를 하는 사람들 중 시설비(시설권리금)에 눈독을 들이는 분들이 있다. 이런 분들은 임차인을 내쫓고 자신이 운영해서 권리금까지 욕심을 내는데, 그렇게까지 하지 않아도 충분한 수익이 가능하니 함께 잘사는 방향으로 협상을 하는 것이 좋겠다.

사실, 상가경매를 하다 보면, 경매로 인한 이득 외에도 소소하게 장점이 많다. 상가물건분석을 꾸준히 하다 보면 자연스레 잘 되는 업종과 안 되는 업종이 눈에 들어온다. 그래서 경매투자자에서 사업가로 변신하는 경우도 드물지만 생긴다. 필자와 같이 경매를 했던 한 분은 어린이 전용 수영장의 수익성에 끌려서 지하층에 위치한 목욕탕을 낙찰받은 뒤, 리모델링해서 어린이 전용 수영장을 운영했다. 그 뒤 그 사업을 프렌차이즈 사업까지 확장했다.

06

실전 사례 3
고수로 가는 길 –
특수물건 맛보기

          경매투자의 경험이 많은 사람들도 특
수물건이라 하면 막연한 두려움을 갖고 있다.

　특수물건이라는 것은 말 그대로 평범한 물건이 아니라는 뜻이다.
그렇다면 어떤 물건들을 평범한 물건들이라 부르는가? 물건 종류별
로 보면 아파트, 빌라, 오피스텔, 상가 등이 될 것이고 권리분석상으로
보면 매각으로 소멸되지 않는 권리가 없는 물건을 말한다. 그러니 이
러한 평범한 물건에 속하지 않는 것이 특수물건이라 불릴 텐데, 특수
물건은 대략 2가지로 정의할 수 있지만 그 세부는 조금 복잡하다.

　권리분석상 매각으로 소멸되지 않는 권리가 있는 것: 선순위 대항력 있
는 임차인, 선순위 가처분, 순위 보전을 위한 가등기, 선순위 용익물권,
환매등기, 전소유자의 가압류, 유치권, 법정지상권, 분묘기지권 등

물건 자체가 특이한 것: 지분으로 매각되는 물건

권리분석상 매각으로 소멸되지 않는 권리가 있는 것들은 3장에서 설명한 경매입문자가 피해야 하는 물건들 대부분이 해당한다. 선순위 대항력이 있는 임차인의 경우 앞에서도 잠깐 언급하였으니 나머지 특수권리 중에서 비교적 쉽게 접근이 가능한 지분경매의 사례와 법정지상권, 분묘기지권, 유치권에 대해서 알아보자.

지분경매

먼저 지분경매의 수익 구조에 대해 알아보자.

사전적 정의에 따르면 지분이란, 공유물이나 공유 재산 따위에서, 공유자 각자가 소유하는 몫 또는 그런 비율이며 '몫'으로 순화한다라고 되어 있다.

여기서 공유란 한 개의 부동산을 여러 명이 지분별로 공동으로 소유하고 있다는 뜻이고 이 지분은 어떠한 특정 위치를 지정하는 것이 아니다. 대부분의 지분 물건은 부 또는 모의 사망으로 인해 한 개의 부동산이 그 상속자들에게 일정 비율대로 상속되어 공유지분이 된 것이 가장 많고, 그다음으로 많은 것이 부부공동명의 재산이며, 나머지 적은 수를 차지하는 것이 공동 투자, 공동 매매다. 이러한 공동 소유 관계의 물건에서 특정 1인이 문제가 생겨 전체 지분 중 특정 1인의 일부 지분만이 경매로 매각되는 것이 지분경매다.

그렇다면 이 지분으로 돈을 버는 방법은 무엇일까?

지분물건의 출구전략은 두 가지인데, 그중 한 가지가 감정가나 시세보다 싸게 매입해서 감정가나 시세에 근접하는 금액으로 다시 나머지 공유권자들에게 되파는 것이다.

공유권자들인 A, B, C가 각각 1/3씩 지분을 갖고 있는데 이중 A의 지분 1/3이 경매로 나왔다고 가정하자. 이 지분의 감정가(감정가가 시세와 같다고 가정)가 1억 원인데, 그것을 5천만 원에 낙찰받았다고 해보자. 시세의 50%에 낙찰받았으니 이것을 시세대로 1억 원이나 9천만 원 정도에 공유권자들에게 되파는 것이다.

이 방식은 공유권자들이 가족관계, 특히 해당 부동산을 노모나 공유자 중 한 명이 사용할 때 적용이 용이하지만, 공유자우선매수가 들어올 위험성도 적지 않다. 힘들여 지분을 낙찰받아도 공유자가 우선매수 청구권을 행사하면 다음을 기약하고 집으로 되돌아오는 수밖에는 없다. 실제로 이런 물건 3~4건 중 1건 정도에서는 꼭 이런 일이 생겨버린다.

> 공유자는 매각기일까지 제113조에 따른 보증을 제공하고 최고매수신고가격과 같은 가격으로 채무자의 지분을 우선 매수하겠다는 신고를 할 수 있다.
>
> – 민사집행법 제140조 제1항

공유자우선매수 신청은 매각일 전에 해도 되고, 매각 당일에도 가능하기 때문에 최고가 매수인으로 본인이 호명될 때까지는 긴장을 할 수밖에 없는데, 사실은 현장에서 공유자가 우선매수를 신청하였더라도 아직 만회할 기회는 남아 있다. 간혹 공유자우선매수를 신청한 사람이 보증금을 가져오지 않거나 신분증을 가져오지 않는 경우도 있으니 끝까지 집중력을 놓으면 안 되겠다. 만약 이런 경우가 생겨서 낙찰을 받을 수 있다면 그날은 횡재한 날이다. 그런 물건은 공유자우선매수를 신청했던 사람에게 시세 그대로 팔 수 있는 확률이 90%는 넘는다고 생각해도 좋다.

두 가지 출구전략 중 두 번째 전략은 낙찰을 받은 후 공유물분할청구의 소를 진행해서 통물건으로 경매를 통해 매각하는 방법이다.

우선 지분의 경우 시세의 40%~60%로 낙찰되는 것이 보통인데, 통물건의 경우에는 물건 종류나 기타 상황에 따라 다르지만 통상 80%~90% 선에서 낙찰된다. 그러니 그 차액을 수익으로 가져오는 것이다.

예를 들어 감정가가 1억 원인 아파트 지분 1/2을 70%인 7천만 원에 낙찰받았다고 가정하자. 공유물분할의소를 통하여 통으로 경매를 했을 경우 아파트 전체는 감정가 100%인 2억 원에 가까운 90% 정도에 낙찰될 수 있다. 결국 아파트 전체의 낙찰가는 1억8천만 원이고, 이 중 1/2 지분을 미리 낙찰받았으므로 실제 받을 수 있는 돈은 1/2인 9천만 원이다. 즉, 9천만 원 − 7천만 원 = 2천만 원(세전)의 매도차익을 보는 것과 같은 효과를 보는 것이다.

이 경우 공유물분할의 소를 진행하는 데 약 1년 정도가 소요될 수 있는데, 평범한 경매물건이라도 매각 또는 임대까지 6개월 정도는 걸리는 것이 일반적이므로 그렇게까지 긴 시간은 아니다.

게다가 지분경매의 경우에는 종잣돈 500만 원 이하로도 가능한 물건들이 굉장히 많다. 물건에 따라 다르겠지만 100만 원대의 물건으로도 괜찮은 수익을 올릴 수 있는 경매 방법이 바로 지분경매다.

본인이 대출을 싫어하고 종잣돈이 많지 않다면 지분경매를 시작해보도록 하자.

법정지상권

법정지상권이란, 등기는 되어 있지 않지만 지상권을 법으로 인정한다는 뜻으로, 쉽게 말해 남의 땅 위에 있지만 건물을 철거하지 않아도 되는 권리라 생각하면 된다. 법정지상권이 성립하려면 저당권 설정 당시 토지 위에 건물이 존재했어야 하고, 그 당시에 토지와 건물이 같은 사람의 소유였어야 하며, 그 이후에 경매 등으로 인해 소유자가 달라져야 한다.

즉 한 사람이 토지와 건물을 둘 다 가지고 있다가 경매 등으로 토지만 명의가 넘어간 경우라고 이해하면 쉽다. 이 경우 '법정지상권'이 성립된다고 하여 건물을 철거하지 않아도 되는 것이다.

법정지상권의 수익 구조는 이렇다. 우선 건물과 달리 법정지상권이 성립되지 않는 토지부터 경매로 낙찰을 받는다. 그 뒤 철거 소송 등을 진행하면서 건물주인과 협상을 하여 건물을 싼값으로 가져와 온전한 부동산으로 만드는 것이다.

또 다른 방법은 건물만 나온 경우인데, 수익률이 아주 높은 근린상가 등 임대용 건물이 있는 경우 30년 동안 지료를 땅 주인에게 준다고 생각하고 낙찰을 받는 것이다. 이 경우는 토지를 낙찰받을 때와는 반대로 건물에 법정지상권이 반드시 성립해야 한다.

분묘기지권

분묘기지권이란 타인의 토지 위에 있는 분묘의 기지(基地)에 대하여 관습법상 인정되는 지상권에 유사한 일종의 물권으로 ① 토지 소유자의 승낙을 얻어 분묘를 설치한 경우, ② 토지 소유자의 승낙을 받지 않았더라도 분묘를 설치하고 20년 동안 평온 공연하게 점유함으로써 시효로 인하여 취득한 경우, ③ 자기 소유의 토지에 분묘를 설치한 자가 분묘에 관해서는 별도의 특약이 없이 토지만을 타인에게 처분한 경우 가운데 한 가지 요건만 갖추면 성립한다.

일단 ①번 사례를 살펴보면, 이 경우는 대단히 드물다. 토지 소유자의 승낙도 받지 않고 묘를 덜컥 쓰는 경우가 애초에 흔하지 않다. 그러니 분묘기지권에 접근할 때는 대부분이 임야이고 그 면적이 작지 않은 경우가 대부분이다. 경매를 하면서 돈을 버는 것도 좋지만 남의 조상 묘까지 강제로 이장하면서까지 돈을 버는 것은 좀 아니다 싶고, 그냥 넓은 땅 중에 분묘 부분을 제외하고 낙찰을 받았다고 생각하는 것이 가장 현명한 해결책이다. 낙찰을 받은 임야에 전원주택단지를 조성하든 창고를 개발하든 무언가 개발행위를 진행할 때는 분묘 주변에 시야를 가리기 위한 나무식재나 울타리 등을 계획하여 진행하면 된다. 분묘가 있는 임야는 감정가보다 많이 유찰되어 낙찰이 되는 반면, 대부분 야트막한 낮은 야산인 경우가 많고, 남향에 풍수지리상으로도 훌륭한 곳이 대부분이므로 그 정도 양보해도 수익은 충분히 날 것이다.

혹시 해당 분묘가 연고가 있는 묘라면 주변에서 땅 파고 개발하기 시작하면 후손들이 알아서 이장해 나가는 경우도 자주 있으니, 이 경우에는 덤으로 땅을 더 얻었다라고 생각하면 그만이다.

유치권

사전에 따르면, 유치권이란 타인의 물건이나 유가증권을 점유한 자가 그 물건이나 유가증권에 관하여 생긴 채권이 변제기에 있는 경우에 그 채권을 변제받을 때까지 그 물건이나 유가증권을 유치할 수 있는 권리다. 간단하게 말하면 시계 수리를 부탁받았을 때, 돈을 안내면 시계를 안 내줘도 되는 권리, 시계를 유치할 수 있는 권리다. 경매에서는 시계에 해당하는 것은 '공사'가 대부분이고 공사대금은 낙찰자가 물어줘야 한다.

유치권의 수익 구조 그 첫 번째는 유치권의 성립요소를 깨는 것이다. 먼저 유치권의 성립 요소는 다음과 같다.

1. 타인 소유의 물건에 대한 채권

2. 견련성이 있어야 한다 ➡ 채권이 해당 물건에 대한 것이어야 한다

3. 해당 채권이 변제기가 도래해야 한다 ➡ 변제기가 도래하지 않았다

   면 유치권이 성립하지 않는다

4. 점유 ➡ 경매기입등기일 이전부터, 상주 또는 간접점유, 출입구에 시

   건장치, 불법점유이면 안 됨

5. 유치권 배제특약이 없어야 한다

유치권은 신고만으로 접수가 되는 것이고, 그 금액 또한 검토 후에 기재되는 것이 아니라 신고된 대로 기재를 하는 것이다 보니 사실 유치권은 남발되는 경향이 있다. 채권자 입장에서는 유치권이 있으면 낙찰가가 내려가서 정상적인 채권 회수가 어려워지므로 유치권배제신청 등으로 방어를 하지만, 그럼에도 불구하고 가짜 유치권도 실무에서는 많이 접하게 된다.

가장 흔한 가짜 유치권이 아파트경매물건에 등재된 유치권이다. 이경우 샷시 공사나 화장실공사, 인테리어 공사 등이 등재가 된 경우를 볼 수 있는데, 이 경우 다른 무엇보다 가장 중요한 '점유'가 성립되는 경우가 드물다. 아파트 등 가정집에 공사업자가 같이 거주를 하고 있다는 것이 상식적으로 성립이 되지 않기 때문이다.

하지만 아파트, 빌라 등의 경우 시공사에서 유치권을 주장하고 아직 입주가 끝나지 않은 상태라면 진성유치권일 가능성이 크니 조심해서 확인해야 한다.

필자가 유치권을 주장하는 물건들에 대해 현장조사하고 확인을 한 경험에 따르면, 유치권을 주장하는 사람 중 많은 수가 유치권의 성립 요건조차 모르는 경우가 많다. 10건 중 7~8건 정도의 비율로 유치권 현수막에 적혀 있는 유치권자에게 전화하면 지금 "지방에 내려와 있어서 오늘은 만날 수가 없다. 일하러 다녀야 하는데 어떻게 거기에 매일 붙어 있나?"라는 말을 종종 듣게 된다. 즉 점유하고 있지 않다는 얘기를 스스로 털어놓는 경우가 굉장히 많다. 그렇다고 컨테이너나 시건장치를 하고 있지도 않다.

너무 어렵게만 생각하지 말고 독자분들도 인근에 유치권 경매 물건이 나올 경우 현수막에 적힌 전화번호로 전화를 한번 해보자. 최소 두명 중 한 명, 그 이상의 유치권자가 자신이 점유를 하고 있지 않다는 말을 아주 쉽게 하는 것을 듣게 될 것이다.

이 말은 나중에 유치권부존재소송이나 협상을 할 때 큰 무기가 될 것이다.

이상 간단하게나마 특수물건의 수익 구조에 대해서 알아봤는데 가장 중요한 것은 입찰자 본인이 소송을 두려워하지 않는 마음가짐이라 생각된다. 요즘은 소송도 전자소송으로 진행하고 내용증명도 편하게 사무실이나 집에서 인터넷으로 보낼 수 있으니 작은 건부터 한번 시도해보는 것이 좋겠다.

07

명도
욕심과 두려움을
버려라

경매를 하다 보면 불가피하게 접하게 되는 것이 점유자를 낙찰받은 부동산에서 내보내는 '명도'다. 이 '명도'에 대해서는 따로 한 권의 책이 나와 있을 정도로 경매를 하는 사람들에게는 부담이 되는 것이 사실이다. 필자 또한 경매투자 초기에는 '명도'가 무척 부담스럽게 느껴졌을 때가 있었다.

하지만 여러 건의 경매 투자를 하다 보니 자연스럽게 그 명도가 어렵지 않게, 아니 오히려 경매의 절차 중에 가장 쉽게 느껴지게 되었다. 여러분들도 처음 경매투자를 시작할 때에는 어렵고 두렵게 느껴지겠지만 경험이 늘어날수록 별것 아니라는 생각이 드는 시기가 올 것이다.

그렇다면 왜 명도가 어렵게 느껴질까?

그 이유를 두 가지로 나누어 설명하면 첫 번째가 낙찰자의 욕심 때문이고, 두 번째가 낙찰자의 두려움 때문이다.

먼저 첫 번째인 낙찰자의 욕심이라는 것에 대해 이야기해보자.

경매투자 초창기에는 주로 빌라나 아파트를 접하게 되는데, 그 낙찰받은 빌라나 아파트에 임차인이나 소유자가 거주를 하는 경우가 자주 있어서 명도를 시도해야만 한다. 이때 명도가 어려워지는 가장 큰 이유는 그 점유자를 빨리, 그것도 돈 안 주고 내보내고자 하는 마음이 생기기 때문이다.

경매를 처음 접할 때는, 누구는 잔금을 내기도 전에 명도를 했다, 누구는 며칠 안에 내보냈다는 이야기들을 영웅담처럼 듣게 된다. 대부분 명도를 빨리했다고 자랑하는 이야기들이다. 그리고 낙찰을 받은 그날 낙찰받은 물건에 찾아가서 쪽지를 붙여야 한다거나 아무튼 어떻게 해서든 빨리 내보내라는 식의 충고 아닌 충고까지 듣게 된다.

물론, 경험에 의한 조언들이니 그런 조언이 완전히 틀린 건 아니다. 필자도 경매투자 초기에는 그러한 방법을 써보았고 실제로도 잔금을 내기 전에 명도가 완료된 경우도 몇 차례 있었다. 하지만 그게 과연 좋은 방법이었을까?

예전에 낙찰을 받자마자 해당 물건에 찾아가서 거주하고 있던 전 소유자와 이야기하다가 '잔금부터 내고 오세요'라는 말을 들은 적이 있다. 집으로 돌아오는 길에 그 말을 다시 떠올려봤더니, 전 소유자의 말이야말로 맞는 말이었다.

여러분들도 알다시피 경매의 경우 잔금을 내는 순간이 여러분이 소유권을 갖게 되는 순간이다. 낙찰 후 잔금을 내기 전까지는 실제 소유자가 아니다. 소유자도 아닌데 과연 이사를 가라 말라 할 권한이 있기나 한 걸까?

하루라도 빨리 점유자를 내보낸 뒤 임차인을 들여 서둘러 월세 수익을 올리겠다는 욕심, 한 달이라도 이자 비용을 줄이고자 하는 욕심, 거기에 남들보다 빨리 점유자를 내보내겠다는 호승지심 때문에 그동안 이치에 맞지도, 합리적이지도 않은 짓을 했었구나라는 생각에 나도 모르게 얼굴이 붉어졌었다.

다시 강조하지만 잔금을 내기 전까지는 소유자가 아니다.

그날 이후 필자는 잔금을 치르기 전까지는 낙찰받은 물건을 결코 방문하지 않는다. 잔금을 내고 당당히 '소유자'가 되었을 때, 나의 정당한 권리를 행사하러 낙찰받은 물건을 방문한다. 얼핏 생각하면 바보같고 느린 일 처리를 고수한다고 생각할 수 있지만 실제로 손해 보는 것은 많지 않았다. 진정한 소유자로 당당하게 상대를 대하다 보면 결과적으로는 더 빠른 결과를 얻는 일이 많다. 때로는 잔금을 내기 전인데도 이사를 나가겠다고 먼저 연락이 오는 경우도 있다. 냉정히 따져보면 잔금도 내기 전부터 서둘러 일한다고 해서 눈에 띨 만큼 엄청나게 이익이 늘지도 않았었다. 그저 남들에게 자랑할 얘깃거리 한두 개만 늘렸을 뿐이다. 물론 정 급하다면 어쩔 수 없지만, 특별한 일이 없다면 성급함에서 생기는 욕심을 버리고 원칙대로 처리하는 게 좋다.

두 번째가 낙찰자의 두려움인데, 어떤 두려움을 말하는 것인가 하면 바로 소송이나 강제집행에 대한 두려움이다.

경매투자를 접하는 대다수의 사람들이 살면서 재판정은커녕 경찰서에도 가보지 않은 사람들이다. 게다가 막연히 소송이나 강제집행은 시간이 오래 걸린다는 얘기를 듣다 보니 자연스레 점유자와는 협상만으로 모든 것을 끝내고 싶어 한다.

하지만 세상은 그렇게 뜻대로 흘러가지 않는다. 협상으로만 끝내는 방법이 피차간에 가장 좋고 편안한 방법이긴 해도 경매투자를 하다 보면 말 그대로 '별의별 사람'을 다 만난다. 특히 그중에서도 자기 자신이 한 약속을 손바닥 뒤집듯이 쉽게 어기는 사람을 반드시 몇 번은 만나게 될 것이다.

이럴 때 낙찰자가 계속 끌려가는 모습을 보인다면 상대방 입장에서는 당신을 만만하게 보기 시작한다. 그리고 낙찰자인 당신은 소유자로서의 정당한 권리를 행사하지도 못하고 스트레스로 심신이 지치는 상황을 맞이해야 한다. 명도라는 과정의 특성상 일정 부분 양보할 것은 양보하면서 협상을 이어나가야 하지만 그래도 어느 정도의 한계, 즉 선은 정해놓아야 한다. 그리고 만약 상대방이 선을 넘으면 그때부터는 매정해 보이더라도 가차 없이 법대로 진행하는 편이 낫다. 사람은 서로를 배려하고 살아야 하지만, 일방적이며 무한정인 배려는 결코 좋지 않다. 정신건강에도 나쁘고, 경매투자를 오래 하는 데도 지장이 생긴다. 어차피 피할 수 없는 명도라면, 기준을 정해놓고, 그에 따라 행동방침을 정해서 미리미리 준비해놓는 편이 가장 이상적이다.

필자의 경우에는 낙찰을 받고 협상을 시작하기 전, 처음부터 강제집행에 대한 준비를 병행하면서 협상을 시작한다. 예를 들면 잔금 납부와 동시에 인도명령을 신청하는 것은 기본이고, 점유자와 만나서 이사 날짜에 대해서 협의를 진행하는 동시에 강제집행에 필요한 조치들도 동시에 진행한다.

중요한 건 이것이다. 사람과 사람과의 관계를 중시하더라도, 협상에서 주도권을 잃어서는 안 된다. 점유자와 낙찰자 관계, 즉 지금 협상은 집주인과의 협상이라는 점을 상대방이 지속적으로 느낄 수 있어야 한다. 내가 더 우위에 있다는 현실을 상대방이 결코 망각하게 내버려 두어서는 안 된다.

예를 들어 이사날짜 등에 대해서 협상을 하는 도중에 법원의 이름으로 전달되는 등기우편의 힘은 실로 엄청나다. 이 법원등기를 받는 날을 기준으로 점유자가 완전히 다른 사람이 되는 것을 종종 목격하게 될 것이다. 강제집행을 할 수도 있다는 시그널을 지속해서 전달하자.

그리고 이사 협상이 완료되었다고 해서, 진행하던 강제집행에 대한 법적인 진행을 중단하는 어리석은 짓은 하지 말길 바란다. 이사 협상은 이사가 아니다. 실제로 이사를 나가는 것만이 이사다. 어떤 '별의별 사람들'은 상대방이 조금만 허점을 노출해도 그 틈을 비집고 들어온다. 협상할 때는 웃는 낯으로 최선을 다하자. 하지만 가능하면 협상이 잘 안 될 경우를 대비한 두 번째 대책도 동시에 진행하는 편이 이럴 때는 효과적이다. 두 번째 대책이란, 물론 법적인 대책을 말한다.

08

입찰가 산정
가장 중요한 건
눈앞의 수익이 아닌
정확한 시세다

고수는 위에서부터 내려오고 초수는 아래서부터 올라간다. 입찰가 산정으로 고수와 초수를 구분하는 대표적인 방법이다. 흔히들 고수는 시세를 파악하는 데 90%의 노력을 기울인다고 한다. 반면 하수는 시세를 파악하는 데 10% 정도밖에 노력을 쏟지 않는다. 그리고 남은 90%의 노력을 쓸데없는 걱정이나 생각에 허비해버린다.

고수들은 감정가는 참고만 할 사항이라는 것을 잘 알고 있다. 그리고 경매투자라는 것도 결국에는 부동산투자의 한 방법이라는 사실을 인지하고 있기 때문에 자신이 매입하려는 부동산이 실제로 거래되는 가격을 무엇보다도 중점적으로 파악하려고 애를 쓴다. 경매투자를 하려는 대상 부동산의 정확한 가격을 알아야 그 부동산을 매입한 후 올릴 수 있는 수익을 계산할 수 있기 때문이다.

그러니 고수들은 정확한 시세 파악을 무엇보다 중요시한다. 먼저 시세를 파악한 후 자신의 수익을 결정하고, 또 부수적으로 들어가는 세금, 부동산중개료 등의 비용을 고려해서 입찰가격을 산정하는 것이다.

예를 들면 감정가 1억 원의 빌라가 경매에 나왔다고 가정해보자. 고수들은 먼저 그 빌라의 시세를 다방면으로 확인한다. 인근의 거래 사례와 현재 부동산사무소에 나와 있는 매물들의 가격과 특징, 접근성, 교통 현황 등을 종합하여 경매로 나온 빌라의 가격을 산정한다. 이때 주목할 점은 가격을 보수적으로 산정한다는 것이다.

이렇게 산정된 가격은 감정가인 1억 원보다 높을 수도 있고 낮을 수도 있다. 일단 고수가 확인한 시세가 1억2천만 원이라고 가정해보자. 그러면 산정된 가격인 1억2천만 원에서 비용(취등록세, 부동산중개료, 수리비, 이사비 등)을 제한다. 예를 들어 비용의 합계가 1000만 원이라면 1억2천만 원 – 1천만 원 = 1억1천만 원이 원가가 된다. 여기에 자신의 수익을 다시 제하여 입찰금액을 산정한다. 만약 수익을 500만 원으로 정했다면 입찰금액은 1억1천만 원 – 500만 원(수익) = 1억5백만 원이 된다. 실제 감정가가 얼마이든, 유찰되어 최저가가 얼마가 되었든 고수는 그다지 큰 신경을 쓰지 않는다. 그저 자신이 책정한 수익이 반영된 입찰가를 적은 입찰봉투를 쿨하게 입찰하고 결과를 기다릴 뿐이다.

만약 낙찰을 받았다면 이 고수는 자신이 생각했던 수익 500만 원을 확보한 것이다. 2등이 9천만 원이었든 1억490만 원이었든 그건 신경 쓸 필요 없는 일이다.

반면 하수들의 입찰가 산정 방법은 다음과 같다. 감정가 1억 원의 물건이 한번 유찰되어 최저가가 8천만 원이 되었을 때, 최저가인 8천만 원에서 얼마를 올려서 쓰면 낙찰이 될 수 있을까를 생각한다. 시세를 먼저 고민하는 번거로운 일 따위 하수들은 결코 하지 않는다. 그리고 최저가에서 500만 원만 더 써넣으면 낙찰이 되었을 때 1천5백만 원의 수익을 올릴 수 있을 것이라는 장밋빛 환상에 빠져 며칠을 보내다가 정작 입찰일에는 풀 죽은 모습으로 입찰장을 빠져나온다. 하수인 자신은 8천5백만 원으로 입찰을 했는데, 1억5백만 원에 쓴 고수가 낙찰을 받았기 때문이다.

그리고 이렇게 생각한다.

'아니 감정가 1억 원짜리 물건을 왜 1억5백만 원에 입찰하는 거야? 그냥 부동산 사무소 가서 사지. 그리고 그러려면 신건 때 1억 원만 쓰고 들어 왔으면 되는 것 아냐?'

고수의 방식을 하수는 결코 이해하지 못한다. 그리고 시세 확인을 우선시하는 고수의 방식을 하수는 떠올리기조차 하지 못한다. 애초에 정확한 시세를 확인하는 데 노력을 기울이지 않았기 때문에 하수는 고수가 왜 1억5백만 원을 입찰가로 썼는지조차 알 수가 없다.

그리고 이런 내막을 알려주는 경매학원이나 강사도 많지 않기 때문에 이런 식으로 몇 번의 패찰을 하다가 경매에 흥미를 잃고 경매투자의 길에서 멀어지게 되는 것이다.

09

경매컨설팅업체
진짜 고수는 물건이
아니라 방법을 알려준다

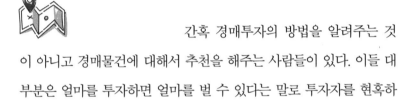간혹 경매투자의 방법을 알려주는 것
이 아니고 경매물건에 대해서 추천을 해주는 사람들이 있다. 이들 대
부분은 얼마를 투자하면 얼마를 벌 수 있다는 말로 투자자를 현혹하
여 이득을 보려는 경매 브로커다.

사실 세상에서 제일 쉬운 일이 경매에서 낙찰을 받는 것이다.

비싸게 쓰면 낙찰된다. 거기에 비싸게 낙찰받는 금액과 근소한 차
이로 2등을 '바지'세우면 경매 고수인 것처럼 보이기도 쉽다.

여러분들이 경매에 관련된 사람들을 만나게 될 때 절대적으로 이런
사람들, 즉 얼마를 투자하면 얼마를 벌게 해줄 테니 수수료로 얼마를
달라는 사람은 절대로 신뢰해서는 안 된다.

그에 반해 경매투자의 방법, 즉 물고기를 잡는 방법을 알려주는 사람, 아니면 투자자 외에 자기 자신도 일정 부분 돈을 투입해서 지분으로 같이 투자를 하는 사람이라면 신뢰를 할 만하다. 경매투자, 부동산 투자의 장점 중의 하나가 군이 법인을 따로 만들어서 주식 등으로 지분을 나누지 않아도 입찰을 할 때, 각자가 투입한 금액만큼을 지분으로 명기해서 나눠가질 수 있다는 점이다. 그러니 같이 투자를 하더라도 다른 투자에 비해 사기를 당할 확률이 낮다.

경매투자가 돈이 된다는 사실을 모르는 사람은 없다. 그리고 경매투자가 어렵고 무섭고 복잡한 일이라는 선입견을 가진 사람들 역시 세상에는 많다. 경매를 하다 보면 정말 많은 사람들을 당신을 만날 수 있을 것이다. 때로는 스스로를 업그레이드 하고 싶은 마음에 당신 스스로 사람들을 찾아 나서는 경우도 있을 것이다. 그럴 땐 이 두 마디만 기억하자.

진짜 고수는 물건이 아니라 방법을 알려준다.

그리고 진짜 동업자는 이득과 손해 모두를 당신과 함께하려는 사람이다.

다시 한 번 강조해서 주장해보겠다.

물건을 내세우며 접근하는 사람은 아는 사람이라도 일단은 의심하라.

자신이 투자하지 않고 당신에게 투자를 권유하는 사람은 당신의 동업자가 아니다. 그가 관심 있는 건 당신의 이익이 아니라 당신의 거래 그 자체다. 그는 거래의 과정에서 수수료만을 챙기려는 경매 브로커일 뿐이다.

10

복잡하고 난해하지만
이득은 큰
전자소송 활용하기

앞에서 설명한 것처럼 특별한 권리분석이 필요 없는 평범한 물건을 다루더라도, 부지런히 몸을 움직여 남들보다 먼저 시세파악이나 물건파악을 하게 되면 일정 부분 수익을 가져올 수 있다. 하지만 경매투자를 조금 하다 보면 이러한 물건만으로는 갈증을 채울 수 없는 때가 온다.

세상 모든 일들처럼, 경매에서도 큰 이익을 얻어내려면 기본적으로는 남들은 하기 힘들거나 꺼리는 물건을 다뤄야만 한다. 특히 이러한 물건들은 대부분 소송을 수반하는 경우가 많다.

그 외에도 이러한 물건들은 무시할 수 없는 중요한 특징을 가지고 있는데, 바로 '대출'이 안 된다는 것이다.

대출이 안 되는 이유는 무엇일까?

그 이유는 이런 물건들이 소유권이 완벽하지 않거나 또는 소유권의 행사가 제한되는 물건이기 때문이다. 예를 들어 지분물건, 법정지상권의 여지가 있는 물건, 유치권, 분묘기지권이 있는 물건은 소유권의 행사에 제약이 있고, 선순위 가등기, 선순위 가처분, 예고등기 등이 있는 물건들은 소유권이 완벽하지 않다.

앞서도 언급한 것처럼 경매물건의 95%는 볼 것도 없는 쓰레기다. 나머지 5%가 경매투자의 대상인데, 그 5% 중에서 어느 정도는 또 누가 보아도 좋은 물건이어서 입찰가 역시 높아진다. 그런 물건에 입찰을 해봐야 평범한 부동산 거래와 다른 점을 느끼긴 힘들 터이니 따지고 보면 그것도 쓰레기 물건 축에 들어간다.

이 물건들을 제외한 극히 소수의 물건 중에 진정한 진주가 숨어 있다. 좋은 경매투자란 바로 이 진주를 찾아내는 과정이라 해도 과언이 아니다. 하지만 그 진주의 겉에는 흙이 묻어 있다. 얼핏 보면 진주가 아니라 쓰레기와 구분이 가지 않는다. 그러나 그것도 사람 하기 나름이다. 만약 그 진흙을 벗겨낼 기술과 능력과 의욕만 있다면 흙투성이 진주는 그 찬연한 빛을 당신 앞에 보여줄 것이다.

이럴 때 진흙을 벗겨내는 방법 중 하나가 바로 소송이다. 소송이라 하면 대부분 사람들은 무서워하거나 꺼리기 마련이지만 높은 소득을 노리는 진정한 경매투자자라면 좋든 싫든 소송에 익숙해져야 하고, 능숙해져야 한다

앞에서 지분경매의 소득 구조를 얘기한 적이 있을 것이다. 지분경

매에서 소득을 내는 방법에는 크게 두 가지가 있는데 첫 번째가 싸게 매입해서 정가에 되파는 방법이다. 그리고 두 번째가 낙찰을 받은 후 공유물분할청구의 소를 진행해서 통물건으로 경매를 통해 매각하는 방법이라고 이야기했는데 여기에 나오는 공유물분할청구도 소송을 통해 해결한다.

물론 첫 번째 방법이 가장 빠르고 원만한 방법이지만 상대방이 있는 협상이기 때문에 두 번째 방법으로 가야 할 경우가 빈번하게 생긴다. 사실은, 첫 번째 방법을 진행하는 도중에 두 번째 방법을 동시에 진행하는 편이 협상에도 큰 도움이 된다. 애초에 협상테이블로 나오려 들지 않는 상대방도 법적 소송이 진행 중이라는 걸 알게 되면 마음을 고쳐먹기 때문이다.

종국에까지 협상이 결렬된다면 하는 수 없이 공유물분할 소송을 마무리하고 공유물분할을 위한 형식적 경매로 통물건을 매각해야 하지만, 첫 번째 협상을 통한 협의매수를 할 때도 소송을 진행하면서 협상을 하게 되면 항상 우위에 서서 협상을 진행할 수 있다.

지분물건에서는 공유물분할소송 또는 부당이득반환소송, 강제경매 신청 등의 소송을 진행할 수 있어야 한다. 요즘은 대부분의 소송을 인터넷으로도 처리할 수 있기에 막상 해보면 생각보다는 할 만하다는 사실을 알게 될 것이다.

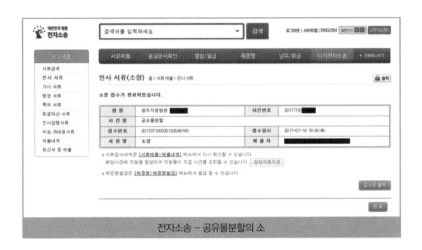

전자소송 – 공유물분할의 소

공유물 분할소송은 전자소송사이트(https://ecfs.scourt.go.kr)에 접속한 뒤 서류제출, 민사서류 소장 접수 목록을 찾아 들어가면 할 수 있으며, 소송을 진행할 때는 대한법률구조공단 홈페이지(https://www.klac.or.kr)에서 여러 가지 사례에 대한 소송 관련 자료를 얻을 수 있으니 참고하자.

대한법률구조공단 홈페이지

공유물분할의소

공유물분할의 소는 형성의 소로서 공유자 상호 간의 지분의 교환 또는 매매를 통하여 공유의 객체를 단독 소유권의 대상으로 하여 그 객체에 대한 공유관계를 해소하는 것을 말하므로, 법원은 공유물분할을 청구하는 자가 구하는 방법에 구애받지 아니하고 자유로운 재량에 따라 공유관계나 그 객체인 물건의 제반 상황에 따라 공유자의 지분 비율에 따른 합리적인 분할을 하면 된다.

설명은 이토록 어렵지만 간단히 말하자면 이렇다. 공동 소유하고 있던 물건에서 자신의 지분을 청구하는 것이다. 예를 들어 토지를 A 씨와 B 씨 두 명이 공동 소유하고 있다고 하자. 두 명 모두 동의하지 않으면 이 토지를 매각하는 일은 어렵다. 만약 A 씨가 급전이 필요해 토지를 매각하고 싶어 한다 해도, B 씨가 반대하면 토지를 팔 수 없으니 A 씨는 속수무책일 수밖에 없다.

이럴 때 필요한 것이 공유물분할의 소이다. 법원에서는 이런 경우 크게 2가지 방법으로 처리하는데 첫 번째 방법은 현물분할이며, 두 번째 방법은 협의매수다.

현물분할은 말 그대로 물건을 나누는 것이다. 땅일 경우 땅을 나누고, 그 외의 경우도 대부분 비슷하다. 공유물분할의 소의 원래 취지에 가장 가까운 방법으로 공유물을 지분대로 분할해서 나누어준다. 하지만 대부분의 부동산은 현물로 나눌 수가 없거나, 나누게 되면 그 가치가 훼손되는 경우가 대부분이라 현물분할이 만능은 아니다.

그래서 판사가 두 번째로 검토하는 것이 협의매수다. 협의매수란 어느 일방이 나머지 일방의 지분을 돈을 주고 사는 것인데, 쉽게 말해 공유물의 소유는 어느 한쪽에 몰아주고, 남은 사람은 넘긴 지분에 대한 가치를 돈으로 보상받는 것이다. 이때 판사가 조정명령을 내려서 협의 매수가격을 조정하도록 할 수 있다.

그리고 이 협의매수도 여의치 않게 되면 경매로 매각하여 매각대금을 지분대로 나눠 갖는 것으로 판결이 나게 되는 것이다.

경매 낙찰에 들어갈 때는 지분일 때보다 통물건일 때 낙찰률이 높기 때문에 통으로 경매를 진행하는 것이 좋다고 생각할 수 있다. 하지만 시간적으로나 심리적으로나 재판을 진행하는 동안 조정명령 등으로 가격을 정하여 합의하여 지분을 매도하는 것도 나쁘지 않은 방법이라 생각한다.

부당이득반환청구소송

지분을 낙찰받았을 때 할 수 있는 다른 한 가지 방법은 부당이득반환 소송을 통해 상대방의 지분을 강제집행하는 것이다.

임야나 농지를 제외한 대부분의 부동산은 누군가가 사용을 하기 마련이다. 지분으로 받은 내 부동산을 공유자 중 일부가 사용하고 있거나 임차인이 차임을 내고 사용하고 있다면 부당이득반환 소송을 통해 내 지분에 대한 소유권에 기인한 권리를 주장할 수 있다.

내 소유권에 반하여 누군가가 내 소유물을 사용, 수익을 내고 있다면 그 누군가를 대상으로 부당이득반환을 청구한다. 그래도 반환이 되지 않을 때는 그 사람 소유의 지분에 대해서 강제경매를 진행, 그 지분을 공유자 우선매수로 취득하여 온전한 물건으로 만들 수도 있다는 의미다.

이처럼 지분물건의 경우 그 해결방법이 많기 때문에 물건이 좋은가를 판단하여 입찰하고 상황에 맞게, 상대방의 반응에 따라서 해결방법을 정하면 된다.

지료청구소송과 철거소송

법정지상권과 관련된 소송으로는 지료청구소송과 철거소송이 대표적이다. 지료청구소송은 법정지상권의 성립여부와 관계없이 소송을 할 수 있다. 왜냐하면 법정지상권이 성립이 된다는 말이 무상으로 남의 땅을 써도 된다는 뜻은 아니기 때문이다. 그리고 법정지상권이 성립이 되어 있는 건물일 경우에도 지료를 2기(2년) 동안 미납하게 되면 법정지상권은 소멸된다.

여기서 반드시 알고 넘어가야 하는 것이 2년 동안 지료를 안 냈다고 무조건 법정지상권이 소멸되는 것이 아니라는 것이다.

대법원 판결에 이런 것이 있다.

법정지상권의 경우 당사자 사이에 지료에 관한 협의가 있었다거나 법원에 의하여 지료가 결정되었다는 아무런 입증이 없다면, 법정지상권자가 지료를 지급하지 않았다고 하더라도 지료지급을 지체한 것으로는 볼 수 없으므로 법정지상권자가 2년 이상의 지료를 지급하지 아니하였음을 이유로 하는 토지소유자의 지상권소멸청구는 이유가 없고, 지료액 또는 그 지급시기 등 지료에 관한 약정은 이를 등기하여야만 제3자에게 대항할 수 있는 것이고, 법원에 의한 지료의 결정은 당사자의 지료결정청구에 의하여 형식적 형성소송인 지료결정 판결로 이루어져야 제3자에게도 그 효력이 미침.

— 대법원 2001.3.13. 선고 99다17142 판결

즉 지료에 대해 공식적으로 협의 또는 결정되어 있는 상태에서 2년이 경과되어야 한다. 토지 위에 법정지상권이 없는 건물이 있거나, 법정지상권이 있어도 지료를 2년 이상 미납한 경우에만 확정적으로 법정지상권을 상실한 경우가 되어 철거소송을 진행할 수 있다.

관련 자료는 대한법률구조공단 홈페이지에서 쉽게 찾을 수 있다.

대한법률구조공단의 건물철거 등 청구의 소 샘플

철거소송이란 타인의 토지 위에 아무 권원 없이(지료 미납으로 인한 법정지상권 소실된 경우를 포함) 건물이 존치되어 있을 때 법원에 건물의 철거를 요청할 수 있는 것이다. 철거소송에서 승소를 한 후 판결문을 근거로 하여 강제집행, 즉 철거를 신청하는 것인데, 대부분 진짜 철거까지는 가지 않고 토지의 주인과 건물의 주인이 서로 협의하여 마무리하는 것이 대다수이다.

결국 법정지상권의 경우 건물 주인이 땅을 사거나, 땅 주인이 건물을 사는 것으로 마무리 짓게 되는데, 이 과정이 복잡하고 난해할 뿐이지 결론은 정해져 있다.

이 복잡하고 난해한 과정이 바로 진흙이 묻어 있는 진주를 찾아 진흙을 벗겨내는 작업인 것이다.

11

기분 좋게
가치를 올리는 방법,
리모델링

여러분 중에 소송이나 재판이 부담스러운 분들도 있으리라 생각된다. 그러면서도 '진흙이 묻은 진주의 진흙을 벗기기 위해서는 어쩔 수 없다'라고 생각하며 애써 마음을 가다듬는 분도 있으실지 모르겠다. 그런데 진흙을 벗겨내는 방법에는 소송과 재판만 있는 게 아니다.

바로 리모델링이나 철거 후 신축 같은 공사를 염두에 둔 경매의 경우도 진흙이 묻어 있는 진주에서 진흙을 벗겨 내는 경우에 해당한다. 오래된 다가구주택이나 근린상가건물을 리모델링하여 매도 또는 임대를 하는 것으로, 소송이나 재판 같은 험악한 일을 하지 않아도 되니 기분 좋게 가치를 올리는 방법이라 할 수 있겠다. 예를 들어 보겠다.

우선 리모델링이 있다. 간단하게 말해 오래된 빌라를 매입하여 화장실, 주방, 싱크대, 거실, 새시, 몰딩 등 낡은 내부 시설을 철거하고 다시 공사를 하는 인테리어 개념의 공사다. 20평 정도의 빌라의 경우, 화장실 약 60만 원, 주방 및 싱크대 약 150만 원, 도배 장판 약 60만 원, 샷시 약 100만 원, 몰딩 등 약 100만 원, 설비, 전기공사 약 300만 원 선의 작업비가 소요되어 대략 770만 원 정도의 비용이 들어간다. 물론 직영공사의 경우에만 이렇다.

이 경우 인테리어 전문점에 일을 맡기게 되면 공사비가 과도하게 들어가 수익이 많이 나지 않으므로 아래의 '직영공사 하는 방법'을 참고하여 진행하도록 하자.

직영공사 하는 방법

많은 건축주가 자재는 쉽게 구해도 작업자 구하는 방법을 몰라서 자재와 시공을 같이 맡기게 된다. 하지만 작업자를 구하는 방법은 의외로 간단하다. 만약 '타일공사'를 원한다면 복잡하게 생각할 것 없이 현장 주변의 타일 도소매가게를 찾아가라. 거기서 마음에 드는 타일을 고른 뒤 견적 금액을 물어보면서 타일 가게 사장님에게 이렇게 한마디 더 질문하면 단숨에 해결된다.

"타일 작업자 잘하시는 분으로 소개 좀 해주세요."

그 동네에서 타일 작업자가 가장 많이 들르는 곳이 어디겠는가? 타일 가게 사장님이야말로 그 동네에서 가장 많은 타일 작업자를 알고 계시는 분이다. 소개를 받은 후에는 그 타일 작업자가 작업했던 건물에 찾아가 정말 실력이 있는 분인지 직접 확인하면 된다. 가급적 그 건물의 건축주까지 만나보고 의견을 들어보는 것이 좋다.

같은 요령으로 다른 작업자도 어렵지 않게 구할 수 있다. 내장작업을 직영으로 하고 싶다면 **도어, **몰딩, **창호라는 간판을 찾아라, 설비 작업자가 필요하다면 보일러 가게나 철물점을, 전기 배선 관련이라면 전등을 파는 가게를 찾아가면 될 일이다. 페인트나 도배, 장판 같은 거라면 굳이 설명할 필요조차 없을 것이다.

이처럼 자재를 직접 사고 작업자도 일당을 주고 고용하여 직접 진행하면 공사비가 30%~50%까지 절감이 되므로 반드시 직접 공사를 진행하도록 하자. 이 경우에는 투입된 비용이 약 770만 원 정도인데, 오래된 빌라를 이렇게 다듬은 후 매도나 임대를 하면 대부분 투입된 비용의 두 배가 넘는 수익이 나게 된다.

만약 오래된 단독주택을 낙찰받았다면 앞에 이야기한 공사 외에도 외관 공사와 담장공사가 추가되는데, 이 경우 외관 공사비는 평당 약 15만 원 선이다. 일반적인 단독주택이라면 약 50평 정도가 외벽면적이니 외관 공사비는 약 750만 원, 담장 및 마당공사가 약 300만 원 선으로 1,000여만 원 조금 넘는 돈이 추가로 투입된다. 물론 이 경우에도 직영공사가 기본이다. 내부공사 약 770만 원, 외부공사 약 1,000만 원으로 2,000만 원이 조금 안 되는 금액이 투입되지만, 역시나 매도나 임대 시에는 투입된 금액의 두 배 이상 수익이 나는 것을 확인할 수 있을 것이다.

직장인 경매
십계명

회사를 다니는 직장인이라면 누구나 한번쯤은, 아니 수십 번에 걸쳐서 멋있게 사표를 던지고 쿨하게 회사건물을 나서는 자신의 모습을 상상할 것이다.

하지만 그와 동시에 현실은 정반대라는 것도 우리는 너무나 잘 알고 있다.

당장 회사를 그만둔다고 매달 나가는 생활비는 사라지지 않는다. 성질 같아서는 때려 치고 싶지만 현실은 늘 우리의 성질을 배신한다.

그래서 주식도 해보고, 남들 한다는 재건축 재개발 설명회도 다녀보고, 여기저기 재테크 강연회나 재테크 동호회도 가입해서 기웃거리지만, 회사 일이 바빠지고, 업무에 파묻혀 며칠 지내다 보면 죄다 흐지부지되기 일쑤다. 퇴근 후 신세 한탄 하면서 한 잔씩 마시는 하루가 일상이 되어버린다.

그런 일상이 매일, 매주, 매월, 매년 반복되다가 나이도 먹고 회사 내에 더 올라갈 자리도 마땅치 않고, 비집고 들어가 버틸 만한 능력도 체력도 사라졌을 때쯤.

성실히 살아왔던 직장인이 대부분 그러하듯, 의도치 않은 은퇴자가 된다.

당신은 불성실하지 않았다. 적어도 남들만큼은 성실했다. 불성실한 건 당신이 아니라 회사다. 당신은 회사에서 긴 시간을 버틸 만큼 충분히 유능했으며, 인간관계도 원만했고, 때로는 가정보다 회사에 집중할 만큼 회사를 사랑했지만 직장인 외길인생의 결과는 특대 금수저가 아닌 이상 어차피 누구든 달라지지 않는다.

당신은 한때 직장에서는 영웅이었을지 모르지만, 회사는 이미 다음 세대의 영웅을 찾고 있다.

슈퍼 히어로는 직장에서는 자신의 모습을 숨긴다.

당신이 활약할 곳은 직장이 아닌 그 바깥이다.

회사에 다니는 동안 당신은 준비해야 한다.

당당한 퇴직과 함께 인생의 무대를 새로이 열어젖힐 준비를 해야 한다.

무대의 시작은 퇴직.

회사가 나를 버리는 게 아니라 내가 회사를 버리는 퇴직으로서의 출발이다.

01

내가 경매하는 것을
적에게
알리지 마라

 회사를 다니면서 경매 재테크로 미래
를 준비하고자 한다면, 본인이 경매투자를 한다는 사실을 절대로 회
사동료들이 알게 해서는 안 된다.

만약 회사동료 중 어느 한 사람이라도 당신이 경매투자를 한다는
사실을 알게 된다면 얼마 지나지 않아 당신의 윗사람들도 알게 될 것
이고 이렇게 되면 그분들은 당신이 하는 행동 하나하나를 유심히 살
피고 의심을 하게 될 것이다.

회사는 오로지 회사 일에만 모든 시간과 모든 열정을 바치는 직원
을 원한다.

공무원이든, 공기업이든, 일반 사기업이든 어느 조직에서나 같은
직급, 비슷한 연배에서의 경쟁과 비교는 존재하며, 당신이 회사 일 외
에 경매투자를 하고 있다는 사실은 당신의 경쟁자들에게 좋은 이야깃

거리가 될 것이다.

특이한 것이 직장인들 사이에서 '주식투자'를 하는 것은 별 흠이 되지 않는데 경매투자는 좋지 않은 시선으로 본다는 것이다. 주식투자야 알게 모르게 시간 많이 잡아먹는 일이긴 하지만, 워낙 대중화되어서인지 유야무야 넘어가 주는 일이 많다. 반면 경매투자는 주식에 비해 많이 알려지지 않았고, 정확히 어떤 과정으로 진행되는지 모르는 사람이 많다. 그저 시간도 많이 잡아먹고, 복잡한 일로만 알고 있어 경매와 직장 일을 병행한다고 하면 상사에게 좋은 평가를 받기 힘들다.

기억하자. 직장인에게 경매투자를 통한 재테크를 권하는 이유는 직장인인 채로 경매투자를 하는 것에 여러모로 메리트가 많기 때문이다. 그러니 경매투자를 지속하고 싶다면, 어느 정도 궤도에 오를 때까지는 직장인 자리 역시 사수해야 한다. 뒤에서 말하겠지만 더 나아가 사내에서 '회사 일을 열심히 하는 사람'이라는 평가를 받을 수 있다면 경매를 위한 시간을 내기도 수월해진다. 그러니 그 전에, 상사에게 선입견부터 심어주지는 않도록 하자. 아무리 경매에 힘을 쏟고, 경매로 머릿속이 꽉 차 있더라도, 자신이 경매하는 것을 회사에 알려서는 안 된다.

02

회사에 있을 때는
회사생활이
당신의 전부다

 경매투자에서 대부분의 활동은 주말이나 퇴근 이후의 시간을 활용해서 할 수가 있다.

경매물건 검색, 현장방문(임장), 낙찰 후 명도를 위한 전 소유자나 임차인과의 협상, 매도나 임대를 위한 부동산사무실 방문 등 대부분의 활동을 주말이나 퇴근 이후에 할 수가 있는 것이다.

하지만 경매의 경우 단 한 가지 주말이나 퇴근 이후에 할 수 없는 것이 있다. 바로 '입찰'이다.

경매의 경우 입찰일은 당연히 평일이며, 월요일부터 금요일 중 많은 수의 물건이 월요일에 몰려 있는 것을 알 수가 있다. 하필 직장인이 연차를 내기에 그리 쉽지 않은 그 월요일이다. 어지간히 편한 직장이라도, 월요일 오전 시간을 비울 수 있는 직장인은 그리 많지가 않다. 대부분의 회사나 부서에서도 대체로 월요일 오전에는 회의를 한다. 직급이 높으면 높은 대로 대표나 사장이 주재하는 회의로 참석해야 하고, 직급이 낮으면 낮은 대로 갖가지 회의와 보고로 분주할 수밖에 없는 게 바로 그 시간대다. 열정과 희망에 넘쳐 경매에 뛰어들었던 많은 직장인들이 현실에 부딪혀 자연스레 포기하게 되는 벽이 바로 이 '월요일의 벽'이다.

기껏 월요일에 시간을 내서 입찰장에 간다고 해서 꼭 낙찰을 받는다는 보장은 없다. 다만, 월요일에 회사를 비운만큼의 평가 하락은 보장이고 뭐고 할 거 없이 100% 확정사항이다. 낙찰을 받아본들 경매 초심자이니 그 수익이 매월 나오는 자기 월급보다 월등히 많을 리가 없다. 낙찰 이후 해야 하는 여러 가지 작업은 무섭기도 하고 번거로워 보이기도 한다. 그러니 안 하던 짓하며 회사에 찍히느니 월급 꼬박꼬박 나오는 회사 일에나 신경 쓰며 살아가자는 자기합리화를 하기 시작한다.

필자는 어떻게 경매를 할 것인가에 대해 물어오는 많은 직장인 예비 경매투자자들에게 이렇게 조언을 한다.

'평소에 회사생활이 당신 인생의 전부인 것처럼 행동하라.'

경매라는 건 매일매일 입찰하는 그런 투자가 아니다. 물건을 검색하고 찾아내어도, 그 물건의 입찰일은 한 달 뒤일 수도 있고, 며칠 뒤

일 수도 있다. 경매는 주로 월요일에 많다고들 하지만, 월요일에 많은 경향이 있다는 얘기지 월요일에 '만' 이루어진다는 뜻이 아니다.

게다가 경매 초수의 입장에서는 한 달 두세 건의 낙찰도 무리다. 보통 경매투자 입문자라면 입찰에 참석하는 게 한 달에 잘해야 한 번일 것이다.

한 달에 한 번이고 월요일이 가능성이 높지만 아닐 수도 있음. 이것이 경매 때문에 회사를 비워야 하는 시간의 전부다. 어떤 달은 입찰장에 갈 일이 없을 수도 있고, 어떤 달은 입찰장에 하루 가지만 월요일이 아닐 수도 있다. 한 반년 정도 경매를 한다 해도 월요일에 회사를 비울 일은 많아 봐야 두세 번 정도다. 다시 말하지만, 매주 월요일마다 꼬박꼬박 회사를 쉬어야 하는 게 아니다.

그래도 한 달에 한 번 정도 입찰장에 갈 일은 어지간하면 생길 테니, 그 하루를 위해 나머지 23일은 회사에 바치는 게 좋다. 혹시 그럴 마음이 안 난다면, 바치는 것처럼 보이기라도 해라. 미래를 위한 투자라 생각하면 의외로 즐거운 마음도 느낄 것이다.

당신은 경매에 갓 입문해서 미래를 준비하기 시작한다.

필요한 건 한 달에 하루.

그 하루를 위해서 매일 매일 제일 먼저 출근하고, 제일 늦게 퇴근하라.

그 하루를 위해 남들이 여름휴가, 연차휴가 떠날 때, 맡은 업무 때문에 다음 기회에 휴가를 가겠다고 난감하다는 표정으로 팀장이나 부서장에게 이야기하라.

팀장이나 부서장들이 말로는 '그래도 가야 하지 않아?'라고 하지만 속으로는 업무가 늦어지는 것에 대한 걱정이 사라졌다고 좋아한다. 아니, 이런 생각을 한다. '내일부터 휴가 가는 이 대리 업무까지 좀 맡겨야겠다'라고.

만약 팀장이나 부서장이 휴가를 떠난 '이 대리'의 업무까지 일을 시키면 고마운 마음으로 그 일도 해주기 바란다. 이렇게 팀장이나 부서장의 마음에 조금씩 조금씩 짐을 지워주는 것이다. 본인들이 인지하지 못하는 사이에 그들은 당신에게 마음의 짐을 갖게 된다. 또 당신은 휴가를 가지 못했는데, 팀장이나 부서장이 휴가를 떠나게 될 때는 당신에게 미안한 마음이 조금 더 커지게 된다.

평소에 이렇게 일찍 출근하고, 매일 야근(실제로는 경매물건 검색)하며, 휴가까지 반납하며 열정적으로 회사 일을 하던 당신이 한두 달 만에 한 번, 오전 시간에만 병원을 다녀오겠다고 이야기한다면, 고깝게 보는 팀장이나 부서장이 몇 명이나 될까? 아마도 대부분의 팀장이나 부서장은 미안한 마음도 가지게 될 것이고 당신의 건강까지 염려할 것이다.

게다가 이러한 행동에는 부수적인 결과도 따라온다.

가만히 생각해보자.

어떤 직원이 매일매일 제일 먼저 출근하고, 제일 늦게 퇴근하며, 자기가 맡은 업무를 해내기 위해 휴가도 반납하고, 심지어는 휴가를 간 동료의 업무까지 해준다.

팀장이나 부서장은 연말 인사고과 때 이 직원에게 어떤 평가를 주게 될까?

필자의 경우 경매를 처음 시작했던 대리 시절부터 10년이 넘도록 저런 패턴으로 회사생활을 하였고, 그 결과 입사 동기들이 한두 번씩 진급에 누락될 때 단 한 번도 진급누락이 된 적이 없다. 그 10여 년 동안 여름휴가는 가지 못했지만 말이다.

그런데 회사에서의 이런 성공이 남들에게는 목표이더라도 경매투자를 하는 우리에게는 부수적인 덤이라는 것에 집중해야 한다. 이것은 우리가 생각하는 결과물이 아니라 '경매투자'를 하기 위한 바탕일 뿐이다.

03

시세 차익보다
월세 세팅이
먼저다

경매라고 하면 대부분의 사람들이 싸

게 사서 비싸게 파는 것을 먼저 떠올린다.

이를테면, 시작하기만 하면 어렵지 않게 1억짜리 부동산도 7, 8천만

원에 살 수 있을 거라는 막연한 기대를 한다. 은행에 예금해도 이자율

2%에 일희일비해야 하고, 빌라나 상가를 임대를 놓을 때도 연 5~6%

수익을 당연하게 떠올리면서도 정작 경매투자에 관해 얘기를 꺼내면

두세 배 수익이 한 번에 나는 것 아니냐고 반문을 한다.

세상에 그런 투자는 없다. 물론 경매를 하다 보면 간혹 그런 일이

생기기도 하지만 그건 말 그대로 대박이 터진 예외 상황일 뿐이다. 바

닥에서 사서 최고가에 파는 일을 주식시장에서 3번 연속으로 하는 것

과 비슷하다고 생각하면 된다.

경매에서 임대용이든 매매로 인한 시세차익이든 투자비 대비 20%

정도의 수익이 나는 물건은 어렵지 않게 만날 수 있다. 그리고 그런 물건 5건 중 1건 정도가 40% 정도의 수익을 내기도 하며, 10건 중의 1건 정도가 그 이상의 수익률을 보여주기도 한다.

5건 중 1건 정도에 해당하는 40% 정도 수익의 물건을 어떤 사람은 경매 시작 초기에 만나게 될 수도 있고, 또 어떤 사람은 5번이나 6번째 물건에 만날 수도 있다. 그런데 채 5번이 되기도 전에, 그러니까 40% 이상의 수익이 나는 경매물건을 만나기 전에 자신이 생각했던 만큼의 수익이 나지 않는다고 경매를 접는 사람이 의외로 많다. 그러니 경매를 시작했으면 최소 5건 이상은 낙찰을 받아보기를 권한다.

특히 직장을 다니는 분들은 당장의 시세차익보다는 임대를 통한 수익에 더 신경을 쓰는 것이 좋다. 어느 정도 종잣돈이 있다면 적어도 2/3 정도는 월세를 세팅할 수 있는 임대용 주거시설이나 상가에 투자할 것을 권한다. 직장인인 우리의 목표는 월세를 월급만큼 받을 수 있게 하여 회사가 나를 보내기 전에 내가 회사를 보내는 것이 목표다. 차근차근 월세를 받는 물건을 늘려나가자. 1년에 한 건 월세 50만 원 나오는 물건을 잡는다고 쳐도 10년 동안 1년에 하나씩 늘려나간다면 10년 후에는 월세가 500만 원이 되어 있을 것이다.

1년에 한 건은 월세가 나오는 물건을 경매로 세팅을 하고, 여유자금이 생기게 될 때 시세차익을 노리는 물건을 접하도록 하는 것이 미래를 준비하는 직장인 경매의 자세다.

04

회사에 대한
과한 기대는
금물이다

 어릴 적 『삼국지』 같은 소설을 볼 때 필자는, 주인공인 유비, 관우, 장비, 조자룡, 제갈공명 등에 감정이입을 하여 소설 속의 주인공의 행동이나 활약에 대해서만 관심 있게 보았다.

성인이 되어 회사생활을 시작한 후 우연히 『삼국지』와 『초한지』를 다시 보게 되었는데, 어린 나이에는 눈에 들어오지 않았던 그 영웅들의 병사들, 즉 그들의 휘하에서 전쟁터의 일선에서 몸으로 전쟁을 부딪쳐가는 병졸들이 눈에 들어오기 시작했다.

아마도 『초한지』에서 '한신'이 미천한 신분에서 시작해서 높은 신분까지 올라갔다가 훗날 유방에게 '토사구팽' 당하는 내용을 읽고 난 후부터 그랬던 것 같기도 하다. 예컨대, 병졸의 처지와 자신의 처지, 사장의 처지와 직원인 자신의 처지를 되돌아보게 되었다는 얘기다.

'아. 나는 지금 관우, 장비, 한신 같은 영웅이 아니고 그 영웅들의 휘하에 있는 병졸이구나!'

심지어 그 한신조차 결국은 사장 격인 유방에게 토사구팽 당했지 않은가!

장비의 군대와 하후돈의 군대가 맞붙었을 때, 나는 장비의 군대인지 하후돈의 군대인지는 모르지만 수많은 병졸들 중에서 한 3~5명의 부하를 거느린(그때 회사직급이 대리였으므로 그리 생각했던 것 같다) 말단 병졸이었던 것이다.

그 생각을 하게 될 때쯤, 이런 생각도 들게 되었다.

조선시대나 고려시대로 치면 큰 상단이 몇 있다. 그중 한 상단의 주인은 '정' 씨이고 다른 큰 상단의 주인은 '이' 씨이다. '정' 씨가 주인인 상단은 '현대'라는 상단이고, '이' 씨가 주인인 상단은 '삼성'이라는 상단이다.

그럼 나는 뭘까?

'아. 나는 큰 상단 주인의 막냇동생이 하는 계열 상단에서 일하는 점원이구나.'

그리고 같은 부서에 근무하던 30살 조금 넘은 대리가 나이가 50살은 되어 보이는 협력업체 직원에게 이래라저래라 하는 모습을 보고, 조선 시대나 고려 시대에 지체 높은 대갓집 머슴이 지체 낮은 양반네 머슴을 업신여긴 것처럼, 큰 상단에서 일하는 머슴(큰 회사 직원)이 그 큰 상단에 물건을 납품하는 머슴(협력회사 직원)을 업신여기는 것은 지금도 똑같구나 하는 생각이 들었다.

'이 머슴 생활도 언젠가는 끝이 있겠구나. 내가 '정' 씨가 아니니….'

오너 일가가 아니라면 대부분의 직장인은 언젠가는 회사를 나오게 되어 있다. 하지만 그 회사에 속해 있을 때는 그 사실을 망각하고 있다. 천년만년 회사에 근무할 것처럼, 회사가 천년만년 당신을 알아줄 것처럼.

하지만 기억하라. 회사는 당신의 능력을 기대하지만, 당신의 인생 자체에는 아무런 관심도 없다. 회사가 당신에게 포상을 내리는 것도, 그저 당신의 성과에 포상을 내리고 있을 뿐이다. 누군가 다른 사람이 같은 성과를 낸다면, 회사는 그 사람도 구분 없이 포상을 내릴 것이다. 그리고 나이를 먹어 성과 대비 월급, 달리 말해 가성비가 떨어지는 순간, 회사는 당신을 멀리하기 시작할 것이다. 회사가 관심 있는 건 당신 개인이 아닌 그저 성과이며, 그 성과가 만들어내는 회사의 이익이니까.

이 책을 보고 있는 여러분이 만약 오너 일가가 아닌 직장인이라면 회사에서 당신이 나가는 때를 정하기 전에 당신이 먼저 회사를 나오는 때를 정하기 바란다.

아래는 2010년 당시에 앞으로 있을 일에 대해서 '미래일기'를 쓴 것이다. 지금 보면 유치하게 보이기는 하지만 물건의 감정가와 낙찰가, 수익 금액까지 상상해서 약 10년 치를 먼저 써놓았고 그 미리 써놓은 일기가 현실이 될 수 있도록 행동을 거기에 맞춰나가다 보니 실제로 현실이 되는 기이한 경험을 하게 되었다.

여러분들도 이 방법을 한번 써 볼 것을 강력히 권한다.

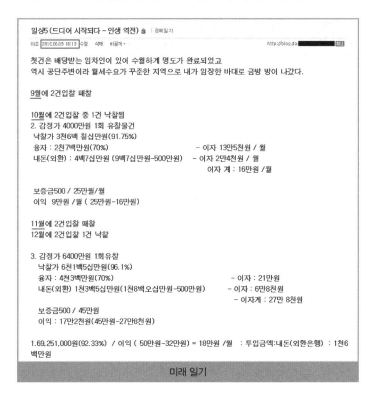

미래 일기

45세든 50세든 나이를 정해 놓고 그 나이가 될 때 얼마의 재산과 매월 얼마의 월세 수입을 만들 것인가를 정하고, 역으로 그 목표를 이루기 위해서 어떻게, 어떤 투자를 할지 계획을 잡기 바란다.

05

퇴직 준비는
빠를수록
좋다

 앞서 이야기한 대로 언젠가 나가야 하
는 회사라면 나가기 전에 미래에 대한 준비가 있어야 할 것이다. 그리
고 그 준비는 빠르면 빠를수록 좋다.

당신이 만약 30대라면 더할 나위 없이 좋을 때이고, 40대 초반이
라면 아직 늦지 않았다. 당신이 만약 40대 후반이라면 조금 서둘러야
할 것이다.

특히 30대 초중반의 나이라면 앞으로 10년 계획을 세워 목표를 이
루었다고 가정했을 때도 아직 40대의 나이에 불과하다. 그러니 지금
가진 것이 별로 없다고 해도 가지고 있는 모든 자원을 동원해서라도
시작할 수 있는 여건을 만들어야 한다.

필자의 경우에도 30대 중반에 경매를 시작했는데, 당시 필자는 집
값의 반 이상을 대출받아 집을 샀던 때였기에 모아놓은 돈이 전혀 없

었다. 허리띠를 졸라매야 하니 월급은 와이프에게 모두 넘기고, 용돈 10만 원으로 근근이 살아가고 있었다.

이대로는 안 되겠다 싶어 과감하게 당시 다니던 회사의 주거래은행(급여통장이 이체되는 은행) 대출창구를 찾아 마이너스대출로 3,000만 원을 대출받았다. 당시 대기업 대리 연봉이 약 2,800만 원 정도였으니 연봉보다 많은 돈을 마이너스대출로 받은 셈이었다.

딱히 필자처럼 대출을 하라는 얘긴 아니다. 대출을 받기까지 필자도 고민을 엄청나게 많이 했다. 다만, 대출을 받아 생활비나 유흥비로 쓰는 것이 아니고, 은행이자율보다는 더 많이 벌 자신이 있었기에 과감하게 결정을 한 것이다.

그 돈을 종잣돈 삼아 평일 밤에는 적은 금액으로 할 수 있는 경매물건을 찾고, 토요일과 일요일에는 찾아놓은 경매물건을 현장에 가서 확인했다. 당시는 아직 월차, 연차를 쓴다는 개념이 생소한 시절이었기에 앞에서 이야기한 것처럼 입찰일 날에는 적절한 핑계를 찾느라 무던히 고민을 했던 기억이 있다.

이런 노력들이 한 건 두 건 낙찰로 이루어지고, 낙찰된 물건들을 명도하고 임대 놓고를 반복하다 보니 신기하게도 앞서 이야기한 것처럼, 미리 세워놓았던 계획대로 일이 진행되었다.

시작한 지 5년이 지나지 않아 임대용 소형주거 부동산(지방의 소형아파트와 수도권의 빌라)의 개수가 20개를 넘어서게 되었고 그 이후 몇 개의 물건들을 정리하고 목돈을 만들어서 상가경매를 시작했고, 특수권리 물건도 입찰하게 됐다. 그 과정에서 수익이 더욱 늘었다.

그러면 30대 직장인만 경매를 해야 할까?

물론 그렇지 않다. 당신이 만약 40대라면 30대보다는 좀 더 서둘러야 하겠지만, 그 대신 30대가 갖지 않은 것을 40대인 당신은 갖고 있을 것이다.

그것은 30대 직장인보다 조금 더 여유 있는 월급과 모아놓은 자금, 30대 직장인보다는 당연히 40대 직장인이 많이 가지고 있을 시간적 여유다. 시기적으로야 늦었지만, 이 두 가지 장점 덕분에 늦은 시기를 충분히 만회할 수 있다. 우선은 투자에 투입할 수 있는 종잣돈의 규모가 30대 직장인보다 많을 것이기 때문에 30대 직장인이 입찰을 두 번 할 때 40대 직장인은 세 번 정도 할 수 있다. 그리고 업무에 투입되는 시간도 30대 직장인보다는 40대 직장인이 상대적으로 적기 때문에(물론 스트레스는 더 크다) 경매에 투자할 수 있는 시간적 여유가 더 많다.

이 두 가지 강점을 살리고 전열을 가다듬어서 30대 때 미처 시작하지 못했던 미래에 대한 준비를 시작하기 바란다.

06

시간은 남아도는 게
아니라 남아돌게
만드는 것이다

필자에게 경매로 어떻게 돈을 벌었냐
고 묻는 분들의 대부분이 직장인들인데, 여러 가지 이야기를 사례를
들어 설명하다 보면 꼭 나오는 말이 있다.

"좋아 보이기는 하는데 시간이 없어서요."

필자는 이 말을 들을 때마다 '그럼 어떡할 건데?'라는 말이 속으로
떠오른다. 사실은 속으로 떠올리는 정도가 아니라 실제로 질문을 하
기도 했다.

"안 하면 어떻게 할 건데요?"

돌아오는 답은 묵묵부답이다.

시간이 없어서 안 한다는 말은 참으로 무책임한 말이다. 우리는 자기 자신이 아니라 남의 일인 회사 일조차 없는 시간 쪼개어 성과를 내라는 질책을 당연한 것처럼 받고 산다. 하지만 정작 자기 자신의 미래가 걸린 이런 일에는 시간이 없다는 핑계로 너무나 쉽게 도망을 쳐버린다.

회사 일이야 당신이 아니라도 일할 사람은 생긴다. 좀 심하게 말해 당신이 한껏 게으름을 피우더라도 회사에서 누군가는 당신의 일까지 짊어지고 결국 성과를 내고야 말 것이다. 하지만 회사일이 아닌 당신 일을 당신 대신해줄 사람은 없다. 그리고 당신이 일을 안 할 때 망하는 건 당신이 아닌 회사이지만, 당신 자신의 미래가 걸린 일을 하지 않는다면 손해를 보는 건 바로 당신이다.

물론 30대에 그런 말을 할 수는 있다. 필자도 투자를 시작하기 전에 몇 번이나 같은 말을 속으로 반복한 적이 있다. '바쁘고 피곤해. 시간이 부족해'라고. 실제로 힘들기도 했고 그만큼 철이 없기도 했으니까. 하지만 40대에도 같은 말만 반복하고 있다면?

50대에 접어들면 아이들은 한창 학업 코스를 밟고 있을 테니 과외비, 등록금이 줄줄이 나가야 하고, 좀 지나면 시집장가도 보내야 하는데, 회사에서는 슬슬 나가라는 압력이 가시화될 시기이기도 하다.

어떻게 할 것인가.

지금, 바로 오늘부터 시작해야 한다.

가만히 앉아서 하루를, 일주일을, 한 달을, 일 년을 돌아보면 의외로 남는 시간들이 많이 있다는 것을 알게 될 것이다.

오늘 하루가 시간이 없다고 생각될지 모르겠지만 며칠 지나서 다시 생각해보면 남는 시간이 있었다는 깨닫게 될 것이다.

시간이 남아서 경매를 하는 것이 아니고 시간을 만들어서 경매를 하는 것이다.

왜 시간이 없다고 느끼는가 하면 이미 익숙해진 생활패턴 때문이다. 이미 몇 년, 몇십 년을 경매라는 것이 없는 생활에서 살아왔기 때문에 경매라는 새로운 행동이 끼어들 자리가 없는 것이다.

동료들과의 회식이나 술자리, 주말에 늦잠을 자거나 야외로 놀러 나가는 시간, 멍하니 앉아서 TV를 보는 시간. 이러한 시간은 자기 자신이 인지하지 못하는 사이에 너무나 익숙하게 당신의 시간을 잡아먹고 있다. 자신이 익숙하게 도는 무의식중에 하는 행동들 중에서 일부분만 떼서 경매에 투자해보자. 머릿속에 항상 '경매'라는 단어를 염두에 두고 생활을 해보자. 힘들 땐 힘들더라도, 시간이 부족해 보이더라도, 그래도 조금 더 힘을 내보자.

필자의 경우에 아는 지인들과 만나면 "너는 머릿속에 경매만 생각하고 있는 것 같다"라는 말을 자주 듣는다. 다른 이야기를 하다가도 자연스레 경매 이야기, 부동산 이야기로 흘러가고, 연예인들 가십거리나 정치, 시사 등에 대한 이야기들을 시작해도 하다 보면 결국은 경매 얘기다.

머릿속에 경매투자가 자리를 잡게 되면 몸도 자연스럽게 그쪽 방향으로 움직이게 되고 경매투자가 습관이 되는 날이 올 것이다.

07

배우자는
평생을 함께하는
아군이다

 이 글을 읽는 대부분의 독자들은 결혼을 했을 것이라 생각된다. 미래에 대한 불안감과 추가적인 소득이 필요하다고 생각하는 사람들이 이글을 읽고 있을 것이다.

경매투자를 하면서 신기하다고 생각되는 것이 하나 있는데, 대부분의 부부들이 경매투자에 대해서 의견이나 생각이 180도 다르다는 것이다.

남편이 경매를 하려고 하면 부인이 큰일이나 나는 것처럼 짐 싸들고 다니면서 반대를 하고, 부인이 경매를 하려고 하면 남편이 집안 거덜 낼 일 있냐고 반대를 한다. 대부분의 부부가 그렇다. 이런 걸 보면 아마도 서로 다른 점에 끌려서 서로 사랑을 하게 되고 결혼을 하는 것이 맞는 것 같기도 하다.

경매를 시작하는 사람들 대부분이 처음에는 배우자에게 비밀로 하거나 아니면 간신히 허락을 받고 시작을 한다.

　이렇듯 경매에 대한 관점이 배우자 간에 다르다 보니 경매를 하는 사람의 입장에서는 힘든 느낌이 배가된다고도 한다. 시간상으로, 정신상으로, 육체상으로 안 그래도 힘든데, 신경이 가장 많이 쓰이는 배우자까지 반대를 하니 그런 것이다. 심한 경우에는 추진력이나 동력을 상실하게 되어 흐지부지 경매를 접게 되고 만다.

　필자의 경우에도 경매를 시작한 초창기에는 부부간의 의견 차이가 많았다.

　당시 내 생각에는 지금 안 하면 말년에 정말 비참한 삶을 살 것 같아서, 어렵고 힘들지만 어떻게든 해내려고 하는 것인데, 배우자의 생각은 나와는 또 달랐다. 지금 대기업에 다니면서 안정적으로 살고 있고 나중 일은 나중에 대처하면 된다는 생각, 무엇보다도 초창기 경매할 때 필수 불가결하게 따라오는 대출에 대한 두려움이 배우자에게는 가장 컸던 것 같다.

　경매를 미래에 대한 대비책으로 생각하는 사람이라면 유일한 운명공동체인 배우자가 경매에 대해 찬성을 하고 인정을 할 수 있도록 인식을 바꾸어야 한다.

　그래야 지속해서 경매투자를 할 수 있다.

　배우자를 아군으로 만들 수 있는 한 가지 팁을 이야기해보면, 어찌 어찌하여 한 건의 경매를 마무리하였다면 얼마가 남았든 간에, 아니 수익이 남은 것이 없다고 하더라도 배우자에게 '경매로 번 돈으로 샀다'고 하면서 배우자가 평소에 사고 싶은데 가격이 비싸서 얘기도 꺼내지 못했던 선물을 해보기를 권한다.

생각도 못했던 선물을 받게 되면 '경매를 하면 좋은 점이 있네'라는 생각이 들게 될 것이다. 물론 그렇다고 경매투자를 함께 하지는 않겠지만, 적어도 경매투자를 하는 것을 반대하는 일은 점차 줄어들게 될 가능성이 있다.

자식들이나 부모들도 결국에는 곁을 다 떠나게 되는 것이고, 옆을 지키며 함께 노년을 보내는 것은 자신의 배우자라는 것을 잊지 말고 경매투자를 하는 데 있어서도 함께 고민과 기쁨을 나누게 되면 더할 나위 없을 것이다.

08

공부도
분명한
투자다

   초등학생 때부터 대학생 때까지 영어를 배우기 위해 영어학원이나 영어과외비로 쓴 돈이 과연 얼마 정도 될까?

그리고 그 많은 돈을 내가면서 배운 '영어'는 당신의 인생에서 돈으로 환산했을 때 얼마 정도의 이익을 가져다주었을까?

신기하게도 어릴 때부터 우리는 영어를 배운다면 한 달 학원비 30만 원 정도는 당연하게 생각을 한다. 수백만 원이 들어가는 어학연수도 취업을 위해서라면 투자할 수 있다고 수긍한다. 그런데 수많은 직장인 중 과연 몇 명이나 그 많은 돈을 들여 배운 영어를 활용해 일하면서 돈을 벌고 있을까? 영어 관련 스펙을 쌓아 원하는 회사에 취업을 했으니 그것만으로 영어에 대한 투자는 수익을 본 것으로 생각해야 하나?

그에 반해 실제로 돈을 벌고 인생 계획에도 중요한 부분을 차지할 수 있는 경매투자를 할 때는 뜻밖에도 배우는 비용을 아끼는 사람이 많다는 데 놀랄 때가 많다. 경매를 직접 배우는 비용은 고사하고 '굿옥션'이나 '지지옥션' 같은 경매 사이트에 연회원으로 가입하는 100여만 원의 돈조차도 아깝게 생각한다.

물론 잘 뒤져보면 인터넷에는 무료 강의동영상도 많고, 그런 영상 역시 가치가 없는 건 아니다. 개중에는 정말 괜찮고 정리가 잘 된 강의도 많다. 그러나 무료로 풀려 있는 동영상 강의는 딱 그 정도의 가치만 있을 뿐이다. 그것은 무척 흥미로운 영화의 예고편이거나(결코 본편은 아닌), 감상문 혹은 비평이다. 우리에게 영화에 대한 흥미를 끌고 이해를 높여줄 수는 있어도, 직접 앉아서 영화를 보는 감동까지는 주지 못한다. 만약 요리라면, 잘 짜인 하루치 식단표와 같다고 할 수도 있겠다. 그대로 상을 차리면 분명 영양도 좋고 맛도 훌륭한 식사를 만끽할 수도 있겠지만, 식단표만으로 요리 초보인 우리들은 결코 요리를 만들어내지 못한다.

필자는 경매 입문 초창기부터 괜찮다는 얘기만 들으면 어디든 언제든 찾아가서 경매에 대한 강의를 들었다. 물론 모든 강의가 좋았던 건 아니다. 쓸데없이 돈을 날렸다고 푸념한 적도 많다. 경매에 입문하고 2~3년 정도의 시간이 지나자 경매 강사들의 수준이 보이기 시작하였고, 어떨 때는 한 달 강의를 신청하고 강사의 수준이 한심할 정도여서 첫날 한 번만 가고 가지 않은 경우도 있었다. 그래도 경험만으로는 모두 메워지지 못한 빈자리를 충실히 메워준 것 중 하나인 것은 부정할 수가 없다.

경매투자를 하게 되면 귀를 열고 공부를 계속해 나가야 한다. 어느 수준 이상이 되면 자신보다도 더 실력이 떨어지는 강사도 만나게 되지만 천 마디 말 중에 내가 알지 못했던 것 하나만 건지게 되더라도 그 투자는 헛된 것이 아니다. 세상의 맛은 알지 못하는 사소한 것에서 온다. 그리고 경매의 이득 역시 놓칠 뻔한 사소한 것에서 오는 경우가 있다.

그래도 강의를 많이 듣다 보니 좋은 강사와 그렇지 않은 강사를 구분하는 요령이란 게 생겼다. 무엇보다도 경매를 처음 접할 때는 한 가지나 두세 가지만 경험해본 강사는 되도록 피하는 것이 좋겠다. 인문학이나 다른 강의와 다르게 경매강의의 경우에 강사는 자기가 알고 또 경험해본 딱 그 수준까지만 알려줄 수 있기 때문이다. 편협한 정보는 아무리 옳은 정보라 하더라도 해가 되기 쉽다.

첫 단추를 잘 끼워야 시간이 지났을 때 여러 종류의 나무에서 여러 종류의 열매를 수확할 수 있다는 것을 명심하자.

퇴직을 하더라도
생활비는
나간다

지금 당신이 다니고 있는 회사는 결단코 당신을 책임져 주지 않는다.

기승 전 치킨집이라는 말을 들어 본 적이 있을 것이다. 기승 전 닭 혹은 기승 전 닭집이라고도 한다. 살면서 무슨 짓을 하고 무슨 노력을 하든, 인생의 마지막은 치킨집에서 닭을 튀기며 살게 된다는 자조 섞인 유행어다.

당신이 대기업을 다니든 중소기업을 다니든, 당신의 업무 분야가 기술직이든, 인사 노무 분야든 영업직이든 상관없이 당신은 언젠가 회사를 나와야 한다. 혹시 다니던 회사가 큰 규모일 경우에는 좀 더 작은 규모의 회사에 2~3년간 더 다닐 수 있는 기회가 생길지도 모른다. 그 와중에 인건비로 타협하고 능력도 출중하다면 그런 규모의 회사를 몇 년 더 전전할 수 있을지도 모른다. 하지만 그래봐야 결과는 정해져 있다.

만약 모아놓은 자금이 아주 조금 있거나 융통도 가능하다면 치킨집이나 커피집 아니면 고만고만한 장사다.

상상하기도 두렵지만, 금전적으로 아무런 대비를 하지 못한 미래는 이보다 다양하지만 결코 좋다고는 할 수 없다. 퇴직 이후에는 나이가 들어서 할 수 있는 일, 경비원이나 택배 분류 등의 단순 반복적인 일자리밖에 찾을 수가 없다. 이런 경우도 치킨집으로 많이 빠져버린다. 자금이 적으니 좀 더 작은 집, 혹은 무리한 융자를 잔뜩 얻은 채로 말이다.

직장을 다니며 당신이 쌓아 올린 수십 년의 경력도, 인간관계와 노하우도 퇴직 이후에는 별로 쓰일 일이 없다.

회사에서는 빛나던 당신의 능력도 회사 밖에서는 아무도 알아주지 않는다. 애초에, 더는 빛나지 않거나 당신보다 더 저렴한 가격으로 더 밝게 빛나줄 대체재가 있으니 회사가 당신을 내보낸 것이다.

그러니 당신이 아직 밝게 빛날 때, 인맥도 능력도 노하우고 다른 용도로 활용할 것이 많은 직장이라는 곳에 다닐 때 미래를 준비해야 한다.

회사를 나온 상태에서 계획하고 준비를 하게 되면 이미 늦는다.

매달 들어가는 생활비는 당신이 퇴직을 하였다고 기다려주는 것이 아니다. 퇴직 후 서너 달만 지나도 이미 당신 계좌의 잔고에서는 불안한 기색이 느껴지기 시작할 것이다.

만약 당신이 지금 다니는 회사를 나와도 혼자서 성공할 콘텐츠나 노하우를 갖고 있는 특수 직종 종사자라면 그것을 발전시켜 독립할 준비를 해도 좋다. 하지만 당신의 업무가 회사라는 큰 조직의 부품 같은 업무라면, 중요하기도 하고 노하우도 필요하지만 결국 콘텐츠로 바꿀 수는 없는 그런 업무라면 결국 기댈 것은 재테크, 즉 경매뿐이다.

우선은 회사를 다니는 동안 월세 수입이 나오는 수익형 물건을 모아나가자. 그리고 퇴직 이후이든 그 이전이든 월급만큼의 월세 수입을 확보하는 걸 1차 목표로 꾸준히 나아가자.

빨리 할수록 좋다고 말하긴 했지만, 경매에는 정년이 없다. 당장 목표를 이루지 못해도 꾸준히 하다 보면 목표는 곧 이루고 다음 목표를 세워야 할 즐거운 시기가 찾아온다. 다만 직장인이 아닐 경우에는 대출이 생각보다 어렵기 때문에 가급적 직장인일 동안 경매를 시작하라고 권하는 것이다. 대출 없이도 시작할 수 있는 소액경매의 기술을 미리 확보해놓는 것도 좋은 방법이라 하겠다.

10

단 몇 년이라도
남들보다 배의 노력을
시도하라

 사람이라면 누구나 바라는 것이리라

생각한다.

홀쩍 아무 계획도 없이 발길 닿는 대로 떠나고 싶을 때 떠날 수 있

고, 돌아오고 싶을 때 돌아올 수 있는 삶.

세상 어디에도 속박되거나 얽매이지 않고 다른 사람의 눈치를 보지

않는 삶.

의무적으로나 업무상 필요해서 갖는 만남이 아닌 정말 마음이 통하

고 생각이 이어지는 값진 만남.

값비싼 명품은 아니라도 마음에 드는 물건을 사며, 갖고 싶은 것을

이런저런 고민하지 않고 마음껏 살 수 있는 삶.

모든 사람들이 이러한 삶을 원하기는 하지만 실제로 이러한 삶을

살다가 생을 마감하는 사람이 과연 몇 명이나 있을까?

오히려 이런 삶을 떠올릴 틈조차 없이 많은 직장인들은 이미 사회가 만들어놓은 질서라는 시스템에 갇혀 정해진 시간에 출근을 하고, 정해진 시간에 밥을 먹고, 정해진 시간에 퇴근을 하는 것에 길들어 있는 듯하다.

대부분의 직장인들이 해야 하는 것들, 하면 안 되는 것들로 너무나도 촘촘히 제약을 받고 있다. 잘해도 보상받는 일은 드물고, 잘못하면 놓치지 않고 질책이 쏟아진다. 원만한 인간관계를 강요받지만, 그 원만한 인간관계의 대상은 달리 말하면 경쟁자이기도 하다. 여러모로 멘탈에 좋지 않은 생활을 우리는 직장생활이라 부르고 있는지도 모른다.

좀 많이 오래전에는 이런 삶도 당연하게 생각되던 시대가 있기도 했다. 그런 삶을 살더라도 70년대, 80년대에는 대부분의 회사들이 정년을 보장했기 때문에 큰 걱정 없이 괜찮은 남편이나 아버지로서 한 세상을 살다가 갔다.

하지만 시대가 변하고 상황이 바뀌어 이제 대한민국의 어떤 회사도 직원을 끝까지 지켜주지 않는다. 스스로 살아남아야 하고 회사 퇴직 후에는 오롯이 혼자 삶을 살아나가야 한다.

우군이 있다면 단지 배우자만 달랑 하나 있을 뿐이다.

성공을 강요하지만 성공은 더 어려워진 세상이라고도 한다. 하지만 이왕 세상에 나와서 살아가야 한다면 한 번쯤은 빡세게 열정을 가지고 부자가 되려는 노력을 해 봐야 하지 않겠는가. 성공하면 누구나 원하는 삶에 근접해질 수 있고, 조금 실패하더라도 경제적으로 걱정 없는 삶 정도는 누릴 수 있다. 직장 생활에 비해서는 오히려 해볼 만한 투자이기도 하다.

돈으로 행복을 살수 없다는 가난한 사람들의 말을 부자들은 비웃는다. 당연한 말처럼 들리지만 사실은 당연하지 않은 것이 오늘날 현실이기 때문이다.

행복을 왜 돈으로 사지 못하겠는가.

여러분의 배우자나 여자 친구에게 비싼 명품가방을 선물해보라. 혹은 부모님이나 신세를 진 지인에게 벤츠 자동차를 선물해보라. 이런 극단적인 예를 들지 않더라도, 세상에는 돈으로 살 수 있는 행복의 가짓수는 많은데, 돈으로도 살 수 없는 행복은 예나 지금이나 그 수가 적다. 어쩌면 행복에 돈이 반드시 필요하지 않을지도 모른다. 다만 돈이 없다면, 선택할 수 있는 행복의 수는 그만큼 줄어든다.

그리고 행복의 선택지가 줄어드는 만큼 불행의 가능성이 늘어난다.

어떤 사람은 비행기 일등석에 누워 한가롭게 여행을 떠나는데 또 다른 사람은 노년에도 뼈 빠지게 땀 흘리며 일하고 있다면?

본인이나 배우자 혹은 부모님의 건강이 안 좋은데 돈이 없어서 병원에도 제대로 갈 처지가 못 된다면?

혹은 1년에 한 번 돌아오는 기념일에 돈이 없어 집에서 식은 밥을 먹어야 한다면?

이혼하는 부부의 상당수가 돈 문제 아니면 외도라고 한다.

똑같은 병에 걸려도 돈이 있는 부자들은 치료비도 문제없이 감당할 수 있고, 때로는 더 좋고 쾌적한 병원을 찾아 여행 아닌 여행을 떠나기도 한다. 반면 평범한 사람들은 정해져 있는 병원 말고 다른 선택지를 떠올리지 못한다. 만약 치료비조차 부족한 상황이라면 자기 자신만의 힘으로는 결코 해결하지 못한다.

게다가 이런 상황은 앞으로 더욱 심해질 것이다.

꼭 돈이 넘치도록 많아 국가를 뒤흔들 정도의 엄청난 부자까지 될 필요는 없다. 만약 그게 목표라면 불가능하지는 않으니 열심히 노력하라고 말해주고 싶다. 하지만 적어도 돈 걱정 없는 작은 부자까지는 가능성도 높아 해볼 만한 일이다. 아니 꼭 해야만 한다.

이 책에서 여러분은 이 사회에서 부자로 도약할 수 있는 몇 안 되는 방법 중 하나인 경매에 대해 알게 되었다. 평범한 직장인이 월급을 떼어 저축하는 것보다는 효율이 높은 방법이다. 동시에 평범한 직장인이 할수록 더욱 장점이 많은 방법이기도 하다. 저축과 병행하면 효과는 배가된다. 돈을 벌어들이는 엔진을 두 개 달아놓은 셈이니까 평범하게 달려가는 사람들을 추월할 수 있는 당연한 방법이기도 하다.

남들이 하는 대로 하고 사는 대로 살면 결코 남들이 도달하지 못하는 곳에 닿을 수 없다. 남들을 추월하는 일은 꿈조차 꾸지 못한다.

당신이 계획한 목표에 도달하는 날까지 직장생활과 경매투자를 병행하라. 그리하면 남들보다 두 배 세 배 더 빠르게 목표에 도달할 수 있을 것이다.

부록

경매를 하기 전에 꼭 읽어야 할
여덟 권의 책

더 시크릿

론다 번

'끌어당김의 법칙'이라고 들어보았는가?

『시크릿』에서 저자는 돈, 건강, 인간관계, 행복 등 인생의 모든 면에
대해서 성공한 사람들은 '위대한 비밀'을 알고 있었으며, 그 '위대한
비밀'이 바로 '끌어당김의 법칙'이라고 이야기한다.

끌어당김의 법칙이란, 지금 당신의 삶은 지난날 당신이 한 생각들
이 현실에 반영되어 나타난 결과물이라는 것으로서, 생각이 현실이
된다는 얘기이다. 안 좋은 결과를 생각하면 안 좋은 결과가, 좋은 결
과를 생각하면 좋은 결과가 끌려온다.

이 '끌어당김의 법칙'은 우주에서 가장 강력한 법칙이며, 전 세계
인구의 1%도 안 되는 사람들이 전 세계 돈의 96%를 벌어들이는 이유
도 마찬가지로 이 법칙이 있기 때문이라고 설명한다.

책의 후반부에는 이런 이론을 검증하기 위한 여러 가지 사례가 나온다. 필자가 경매 초창기 시절에 '미래일기'를 작성하게 된 것도 바로 이 책의 영향을 받은 것이다.

미래일기를 잠깐 이야기해보면, 먼저 10년 후 오늘 날짜에 나는 어디에서 어떻게 잠자리를 일어나고 오전과 오후에는 누구를 만나고 어떤 일과를 보내는가를 아주 생생하고 구체적으로 마치 일기를 쓰듯이 기술하는 것이다. 그리고 오늘부터 앞으로 10년 동안의 일기를 미리 써놓는다. 매일매일 쓰는 게 어렵다면 최소한 한 달 단위로 기술한다.

그리고 매 달 매 달 '돈'이 어느 정도씩 모이게 되는지를 구체적인 방법까지 써놓는다.

10년 후에 일어날 일은 오늘과 내일의 결과물이다.

오늘과 내일, 그리고 그다음 날에 당신이 미리 써놓은 미래일기와 같은 행동을 하게 된다면 당신의 10년 후도 마찬가지로, 당신이 미리 써놓은 미래일기에 나와 있는 그대로의 당신의 모습이 될 것이다.

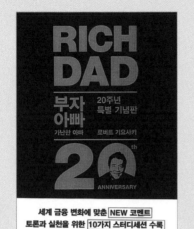

부자 아빠, 가난한 아빠

– 부자들이 들려주는 돈과 투자의 비밀

로버트 기요사키

대한민국 성인 중에 이 책 제목을 들어보지 못한 사람은 별로 없을 것이라 생각한다.

책에는 저자의 친아버지인 '가난한 아빠'와 친구의 아버지인 '부자 아빠' 두 사람이 등장하며, 두 사람의 직업, 생활습관, 가치관 등을 비교하면서 저자가 이야기하고 싶은 '부자'로의 길을 제시한다.

'가난한 아빠'로 대별되는 부류가 바로 월급쟁이로, 공부를 열심히 해서 좋은 직장을 구해 성실히 일을 한다. 돈은 안전하게 사용하고 위험은 피해야 한다고 생각한다. 그리고 이들은 노년에 회사에서 쓸모없는 존재가 되어 버려진다.

'부자 아빠'로 대별되는 부류는 돈이 부족한 것이 모든 악의 근원이며 공부를 열심히 해서 남의 회사에 들어가는 것이 아니라 좋은 회사를 차려야 한다고 말한다. 위험을 감수하고, 그 위험을 관리하는 법을 배워야 하며 똑똑한 사람을 '고용'하는 사람이 되라고 한다. 이들은 노년에 일을 하지 않아도 자동으로 돈이 들어오는 시스템을 구축하여 인생을 즐기며 여생을 보낸다.

저자는 고용되어 남을 위해 일을 하는 사람이 아닌, 자신이 다른 사람을 고용하는 사람이 되어야 한다고 이야기한다. 특히 자신의 시간을 투자하여 남을 위해 일하지 말고 돈이 나를 위해서 일하도록 해야 한다고 주장한다. '나는 돈에는 관심이 없어요'라고 말하는 사람들도 하루에 여덟 시간 동안 일에 매달려 산다. 그것은 진실을 거부하는 것이다. 돈에 관심이 없다면 왜 일을 하겠는가? 그러니 돈을 좋아하고 돈에 대한 지식을 갖춰야 한다.

하지만 이 좋은 책에도 주의할 점이 있다. 책 후반부에 저자가 사례를 들어서 설명한 투자방식이 바로 몇 년 전 대한민국에서 유행하였고 TV뉴스에도 나왔던 일명 '갭투자'방식이다. 필자가 「경매는 투기가 아니라 투자다」에서도 설명했었지만 '갭투자'와 같이 막연히 사놓고 오르기만 기다리는 방식은 그리 추천하지 않는다. 『부자 아빠, 가난한 아빠』가 훌륭한 것은 돈에 대한 마음가짐이지, 돈을 버는 구체적인 방법은 아니다.

워런 버핏 집중투자

로버트 핵스트롬

『워런 버핏 집중투자』의 내용 중에 '성장투자 대 가치투자'라는 내용이 있다.

워런 버핏은 따로 설명이 필요 없는, 오마하의 현인으로 불리는 세계 최고의 투자자이다. 1930년 생으로 벤자민 그레이엄 교수 밑에서 경제학 석사를 취득하였고 1956년에 7명의 주주들과 함께 투자회사를 설립, 전 세계 거부 중에서 유일하게 주식투자로만 세계적인 부호가 된 사람이다.

경매 책에서 왜 갑자기 주식투자의 귀재를 언급하는지 의아하게 생각할지 모르겠지만, 필자는 사실 한동안 주식 공부에 매진한 적이 있었다. 주식으로는 결코 돈을 벌지 못했지만 그 뒤 경매투자를 하면서 워런 버핏의 주식투자 기법 중에 경매투자와 일맥상통하는 점이 있다는 것을 알게 되었다. 바로 '성장투자 대 가치투자'라는 개념이다.

워런 버핏의 가치투자란 쉽게 말해 주가순자산비율(PBR, 순자산 대비 주가의 비율)이나 주가수익률(PER, 주식의 1주당 가격과 1주당 수익액의 비율)은 낮고 배당수익률이 높은, 즉 가치에 비해 가격이 저평가된 종목에 투자를 하는 것이고, 성장투자란 주가순자산비율이나 주가수익률은 높지만 미래가치가 높은 종목에 투자를 하는 것이다.

주식투자를 하는 사람들은 전통적으로 이 두 가지를 나누어 생각하는데, 워런 버핏은 이 두 가지가 연결되어 있다고 판단하였다.

이것을 경매투자에 접목하여 이야기하자면 이렇다. 현재 내재가치에 비해 저평가되어 있고, 향후 미래에도 상승의 여지가 있는 부동산 물건에 투자를 해야 한다는 것이다.

그러니 경매를 잘하려면 이런 물건을 찾아내는 안목을 길러야 한다. 결국 물건분석의 중요성이 강조되는 셈이다.

만약 주식의 가치투자에 대한 개념을 갖고 있는 예비 경매투자자라면 그렇지 않은 사람보다 경매투자로 돈을 벌 수 있는 기회가 더 많을 것으로 생각된다.

보도 섀퍼의 돈

보도섀퍼

필자가 현재 나와 있는 자기계발서중 '최고'라고 손꼽는 책이다. 저자는 '나는 돈을 좋아한다'라고 이야기하고 다니라고 권한다.

필자가 가지고 있는 책은 2004년 10월 15일자의 11쇄본인데, 이책을 처음 접하고 가슴 깊은 곳에서부터 '부자'가 되어 경제적 자유인이 되어야겠다는 열망이 생겨 결심을 하게 된, 아주 의미가 있는 책이다. 필자의 책에는 빨간 펜, 파란 펜, 형광펜 등으로 여러 번 밑줄이 쳐져 있고, 여백에는 필자가 이 책을 볼 때마다 느낀 점이나 생각한 것들이 빼곡히 적혀 있다. 1,2년에 한 번씩은 다시 꺼내서 보는데, 10여년에 걸쳐서 메모를 해놓았던 여백을 다시 보게 되면, 마음을 다잡는 효과도 생기게 되는 책이다.

필자는, 필자가 정말 도와주고 싶고, 정말 잘 되었으면 좋겠다고 생각하는 지인들과 필자에게 경매교육을 받는 분들에게는 이 책을 구매하여 선물을 한다.

필자가 가장 기억에 남는 구절은 '두려움의 충고를 따르지 말라'라는 것과 '자신보다 더 성공한 사람의 말만 경청하라'라는 구절이고, '돈은 행복을 준다'라는 문구에서는 신선한 충격을 받았다. 대부분 경매를 처음 시작하는 분들의 고민이 주위의 반대, 즉 배우자나 부모님의 반대를 가장 큰 고민으로 여기는데, 반대를 하는 배우자나 부모님은 자신보다 더 성공한 사람이 아닐 가능성이 아주 크다.

또 우리나라에서는 남들 앞에서 '돈'에 대해 이야기하거나 자기가 돈에 대해 관심이 있다는 것이 알려지는 것을 꺼리는 경향이 있다. 『보도 섀퍼의 '돈'』은 그러한 당신의 고정관념을 깨는 데 아주 좋은 자양분이 될 것이라고 확신한다.

필자가 평소에 자기계발서와 관련된 책들을 많이 소개하지 않는 이유는 이 책에 거의 모든 재테크 원칙들이 녹아 있기 때문이다. 부자가 되지 못하는 이유와 부자가 될 수 있는 방법, 부자란 어떤 사람이고 '돈'에 대한 신념을 어떻게 바꿔야 하는지. 그리고 돈으로부터 완전한 자유를 누리기 위한 행동지침까지, 이 책 한 권이면 충분하다.

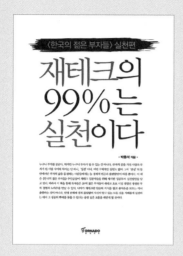

재테크의 99%는
실천이다

박용석저

이 책은 제목이 모든 것을 말해준다.

책의 본문은 전반적인 투자 방향에 대해 간략하게 서술을 하고 주식투자, 부동산투자, 해외투자에 대해 간략하게 언급을 하는데, 각각의 주제 하나하나가 방대한 분야이다 보니 주제별로 소개하는 글 정도로 생각하면 될 듯하다. 쉽게 말해 개론서다.

하지만 이 책을 필자가 읽어야 한다고 언급하는 이유는 이 책의 제목 때문이다. 정말로 책 제목처럼 '재테크의 99%는 실천'이기 때문이다.

경매를 하려는 사람 중에는 몇 년에 걸쳐서 공부만 할 뿐, 정작 입찰장에는 가보지도 못한 사람들이 의외로 많다. 활용해야 하는 지식은 쌓이는데 정작 활용하는 법은 없고, 시작조차 하지 않았으니 당연히 결과도 없다. 공부는 활용하기 위해 하는 것이다. 공부 그 자체를 위한 공부야 지적인 만족감과 성취감을 줄지는 모르지만, 적어도 투자 관련 공부라면 당연히 성과를 내야 한다.

강연을 할 때 필자가 강조하는 것 중 하나도 우리는 '경매공부'를 하기 위해 모인 것이 아니라 '경매'라는 수단을 통해 '돈'을 버는 방법을 알기 위해 공부하러 모였다는 내용이다. 평소에 공부를 하고, 그 과정에서 경매 사이트를 탐색하고 있더라고, 좋은 물건이 눈에 띄면 밤이든 낮이든 눈이 오든 비가 오든 그 즉시 자리를 박차고 물건이 있는 곳으로 달려가는 행동력이 필요하다.

필자가 앞서 소개한 안산의 김성수 사장 같은 분은 1%의 공부와 99%의 실천으로만 경매에 입문한 경우라고 할 수 있겠다. 물론 공부가 전혀 되어 있지 않은 상태에서 무모하게 실천부터 하는 것까지는 권하지 않는다. 하지만 99%의 공부와 1%의 실천력으로는 경매로 돈을 벌 생각을 접어야 한다.

구슬이 서 말이라도 꿰어야 보배라고 했다.

산을 움직이는 것은 행동이지 아이디어가 아니다.

부의 추월차선

엠제이 드마코

보도 섀퍼의 '돈' 이후 재테크 서적 중 가장 신선하다고 생각하는 책 중에 하나다.

이 책에서 저자는 부를 향한 재무 지도를 인도와 서행차선, 추월차선의 세 가지로 제시한다. 인도는 오늘의 만족을 위해 내일을 저당 잡히는 방식으로, 가난한 사람들의 라이프스타일이라 할 수 있다. 신용거래를 좋아하고, 시간을 소비하고 공부를 하지 않는 삶이 이 '인도'인데, '돈으로 행복을 살 수 없다고 단언하는 사람들은 이미 스스로 부자가 될 수 없을 거라고 단정 지은 사람들이다'라는 구절이 나온다. 필자 또한 '돈으로 행복을 살 수 없다'라는 말을 만든 사람은 실제로 돈이 있어본 적이 없는 사람이나, 더 큰 꿈을 갖는 것을 두려워하는 사람들이 만들어낸 말이 아닌가라는 생각을 한다.

서행차선은 인도보다는 나은, 내일을 위해서 오늘을 희생하는 방식이며, 대다수의 직장인들이 여기에 속한다. '부자가 될 거라는 약속, 그 대가는 당신의 인생이다', 즉 시간과 인생을 담보로 내일을 준비하는 길이다.

마지막으로 추월차선은 서행차선처럼 시간을 소비하여 일을 하는 것이 아니고 시스템을 이용하여 부를 창출하는 것을 말한다.

저자는 다섯 가지 추월차선 사업 씨앗을 제시하는데 그 첫 번째가 경매투자와 관련이 큰 '임대시스템'이다.

필자는 이 책에서 제시하고 있는 추월차선에 올라타기 위해 첫 번째로 경매를 이용하여 임대시스템을 구축하고 두 번째로, 그와 동시에 시세차익으로 목돈을 불릴 수 있는 시세차익 전략의 두 가지가 병행되어야 한다고 생각한다.

자신이 현재 직장에 다니고 있다면 그 직장에 감사하라. 서행차선이지만 최소한 인도가 아닌 차도에 당신은 올라 있는 것이다. 그리고 열심히 회사의 발전에 앞장을 서면서 주말과 휴일을 활용해 추월차선에 올라탈 수 있는 대안을 만들도록 하자.

추월차선에 올라탈 수 있는 가장 현실적이고 실현가능한 방법이 바로 경매다.

어떻게 원하는 것을
얻는가

스튜어트 다이아몬드

경매의 시작은 낙찰이고 경매의 마지막은 협상이다.

같은 물건을 같은 가격에 낙찰을 받아도 고수는 수익을 내고 하수
는 마음고생만 한다.

경매는 상대방이 존재하는 게임이며, 고수의 경우에는 많은 경험과
지식을 갖춘 상태에서 최종적으로 상대와의 협상에서 유리한 고지를
점령하는 반면, 하수의 경우 두려움과 지식의 한계로 상대에게 끌려
다니게 되기 때문이다.

경매를 하면서 하게 되는 협상의 대부분은 돈이 걸려 있는 협상이
기 때문에 서로가 상당히 민감해져 있는 경우가 대부분이다. 생전 알
지도 못하는 사람과 돈을 놓고 협상을 하는 것이기 때문에 양보를 해
야 할 이유도 없고, 필요도 없는 협상인 것이다.

그렇다면 어떻게 협상을 이끌어 나가야 할까?

책의 내용 중에 아주 중요한 말이 담겨져 있다.

'절대 거짓말을 하지 마라.'

돈을 대상으로 협상을 해본 경험이 있는 사람이라면 알고 있을 것이다. 사소한 거짓말이라도 거짓말을 하게 되면 그 거짓말이 들통이 나기 전과 후에 당신이 했던 모든 말에 대해서 상대방은 불신을 하게 될 것이고 협상은 소송으로 이어질 가능성이 많아진다.

한 가지만 꼭 알아두라. 우리가 경매투자를 하면서 진행하는 모든 소송은, 반드시 낙찰자가 승소하게 되어 있다. 즉 상대방에게 끌려 다닐 필요가 전혀 없다는 말이다.

상대방과 협상을 할 때는 언제나 당당하고 자신감 있게 임하도록 하고, 너무 야박하지는 않지만 만만하게 보일 필요가 전혀 없다. 최후의 방법인 소송은 되도록 피하는 것이 좋겠으나 반드시 피해야 하는 것은 아니고 그 소송은 언제나 승패가 정해져 있으며, 승자는 바로 당신이다.

회사가 당신에게
알려주지 않는
50가지 비밀

신시아 샤피로

회사를 향한 당신의 충성 밑바닥에 어쩌면 헛된 기대가 숨어 있는 건 아닐까?

이 책은 회사라는 조직이 조직을 구성하고 있는 구성원인 각각의 회사원들을 어떻게 생각하고 있는지, 조직이 구성원이 필요가 없어졌을 때 어떻게 하는지, 또 회사원들이 어떤 착각에 빠져 있는지에 대해 적나라하게 까발리고 있다.

앞에서 필자가 겪은 IMF시절 회사 내부의 분위기를 잠깐 언급하였는데, 사실 당시에는 대한민국 거의 모든 회사들의 분위기가 별반 다르지 않았다. 어찌 보면 회사에서는 숨기고 싶었던, 그리고 그 조직에 속해 있던 각각의 회사원들은 애써 외면해 왔던 서로의 민낯을 가감 없이 정면으로 마주보게 한 시기이기도 했다. 그것도 반쯤은 강제로.

회사는 효용성이 없어진 직원을 가차 없이 버린다. 다만, 그 효용성의 기준을 개인은 잘 깨닫지 못할 뿐이다. 그리고 잘 모른다는 그 이유 때문에 직원은 속절없이 회사에 충성하고, 맹목적으로 회사에서 성공하려 들며, 나중에는 어리둥절한 채로 회사 밖으로 밀려나고 만다. 그리고 밀려난 이유가 오직 자신 탓이라며 위축되어 자책한다.

　하지만, 개인의 노력만으로 회사에게 버림받지 않고 중용될 수 있다고 믿는다면 그것 또한 착각이다.

　회사라는 조직은 오직 조직의 안전과 발전을 위해 존재하며, 직원도 조직의 한 부품으로밖에 생각하지 않는다. 회사는 부품을 아끼듯 직원을 아끼며, 부품을 관리하듯 직원을 케어하고, 부품을 갈아치우듯 직원을 갈아치운다. 때로는 부품은 멀쩡한데 기계가 바뀌었다며 버려지기도 한다. 그게 아니면 부품 자신이 억지로 다른 부품이 되라고 강요하거나.

　그렇다면 그 조직에 소속되어 있는 우리들은 어떻게 해야 할까?

　회사라는 조직에 속해 있는 동안, 우리는 회사의 충실한 부품이 되어야 한다. 적어도 내가 회사를 버리기 전에는 회사가 나를 버리지 못하도록. 그리고 언젠가 버려지기 전에 조직이라는 기계를 빠져나와 홀로 움직일 수 있는 힘을 길러야 한다.

초수부터 고수까지
경매 투자 매뉴얼

이곳에서는 본격적으로 경매 투자를 진행하는 동안 할 일들을 단계별로 정리해두었다.
경매를 처음 시작할 때, 그리고 경매를 해나가는 동안 수시로 참고하고 체크하며 사용했으면 좋겠다.

지금부터 10년 후, 나의 목표 설정

★ _____ 년 현재 나의 상태는?

    나이 _____ 살

    연봉 _____ 원

    재산 _____ 원

    거주 형태 _____

    나는 어느 정도 시간을 경매에 투자할 수 있는가?

        하루 _____ 주 _____ 월 _____

    나의 여유 자금

    _____ 원

★ 10년 후 _____ 년 미래의 내 상태는?

    나이 _____ 살

    연봉 _____ 원

    재산 _____ 원

    거주 형태 _____

    나는 어느 정도 시간을 경매에 투자할 수 있는가?

        하루 _____ 주 _____ 월 _____

    나의 여유 자금

    _____ 원

아파트, 빌라 정복

★ **물건검색**(보유 금액 및 대출 가능 금액 고려할 것)

_____   보유 금액 _____

_____   대출 가능 금액 _____

_____

★ **시세조사**(다양한 경로로 조사해서 판단할 것)

_____ (국토부 실거래가)

_____ (네이버 부동산)

_____ (실제 부동산 탐문 및 전화)

_____

★ **권리분석**

선순위가등기 _____   선순위가처분 _____

철거 판결 등 _____   선순위임차인 _____

유치권 _____   미납관리비 _____

기타 _____

★ **임장**(살 때와 팔 때의 금액 모두 다양한 경로로 확인)

_____

_____

_____

★ 입찰가 산정

▶ **매매의 경우** 매도예상가 − (비용 + 이익금) = 입찰가

(   ) − (   ) + (   ) = (   )원

▶ **임대의 경우** (월세 × 12개월) ÷ 수익률 × 1/100 + 보증금 = 입찰가

(   ) ÷ (   ) × 1/100 + (   ) = (   )원

★ 입찰

입찰일 ＿＿＿＿＿＿＿＿ 장소 ＿＿＿＿＿＿＿＿

준비물: 입찰보증금 ＿＿＿＿＿ 신분증 ＿＿＿＿＿ 도장 ＿＿＿＿＿

실제 입찰가 ＿＿＿＿＿＿＿＿

★ 낙찰

낙찰 금액 ＿＿＿＿＿＿＿＿

보증금 영수증 수령 ＿＿＿＿＿＿＿＿

대출상담사 명함 ＿＿＿＿＿＿＿＿

★ 잔금납부 ＿＿＿＿＿＿＿＿＿＿＿＿＿＿＿＿＿＿＿＿＿＿＿

＿＿＿＿＿＿＿＿＿＿＿＿＿＿＿＿＿＿＿＿＿

★ 점유자 협상 (명도확인서 필요)

＿＿＿＿＿＿＿＿＿＿＿＿＿＿＿＿＿＿＿＿＿＿＿＿＿＿

＿＿＿＿＿＿＿＿＿＿＿＿＿＿＿＿＿＿＿＿＿＿＿＿＿＿

＿＿＿＿＿＿＿＿＿＿＿＿＿＿＿＿＿＿＿＿＿＿＿＿＿＿

★ 임대 또는 매매

＿＿＿＿＿＿＿＿＿＿＿＿＿＿＿＿＿＿＿＿＿＿＿＿＿＿

상가경매 정복

★ **물건검색**(보유 금액 및 대출 가능 금액 고려할 것)

_____   보유 금액 _____

_____   대출 가능 금액 _____

_____

> 상가는 공실이 중요하므로 반드시 배후수요를 확인한다.
> 소상공인 상권정보시스템 활용

★ **시세조사** (다양한 경로로 조사해서 판단할 것)

_____ (국토부 실거래가)

_____ (네이버 부동산)

_____ (실제 부동산 탐문 및 전화)

_____

★ **권리분석**

선순위가등기 _____   선순위가처분 _____

철거 판결 등 _____   선순위임차인 _____

유치권 _____   미납관리비 _____

기타 _____

★ **임장**(살 때와 팔 때의 금액 모두 다양한 경로로 확인)

_____

_____

_____

> 상가는 매매가가 수익률에 의해 정해지므로 매매가보다 임대료(보증금, 월세) 중심으로 확인한다. 지역마다 지역 주민이 선호하는 상가건물이 있으므로 선호도를 확인하고, 해당 건물의 관리사무소를 방문하여 미납관리비를 반드시 확인한다.

★ 입찰가 산정

▶ 매매의 경우   매도예상가 − (비용 + 이익금) = 입찰가

(   ) − (   ) + (   ) = (   )원

▶ 임대의 경우   (월세 × 12개월)÷수익률 × 1/100 + 보증금 = 입찰가

(   ) ÷ (   ) × 1/100 + (   ) = (   )원

★ 입찰

입찰일 _____ 장소 _____

준비물: 입찰보증금 _____   신분증 _____   도장 _____

실제 입찰가 _____

★ 낙찰

낙찰 금액 _____

보증금 영수증 수령 _____

대출상담사 명함 _____

★ 잔금납부 _____

_____

★ 점유자 협상(명도확인서 필요)

_____

_____

_____

★ 임대 또는 매매

_____

> 상가 관리사무소 소장과 연락처를 교환하라. 상가 관리상의 여러 가지 사항에 대해서 협의가 필요하다.

지분경매 정복

★ **물건검색**(보유 금액 및 대출 가능 금액 고려할 것)

_____   보유 금액 _____

_____

_____

> 지분물건은 대출이
> 되지 않는다.

★ **시세조사**(다양한 경로로 조사해서 판단할 것)

_____ (국토부 실거래가)

_____ (네이버 부동산)

_____ (실제 부동산 탐문 및 전화)

_____

★ **권리분석**

등기부등본상에 경매로 나온 지분의 소유자와 나머지 지분권자들과의 관계를
확인. 친인척인지, 제3자인지 확인하고 매도전략 수립.철거 판결 등

_____

_____

★ **임장**(살 때와 팔 때의 금액 모두 다양한 경로로 확인)

_____

_____

_____

> 지분물건은 임대를 줄 일이
> 없기에 임대시세는 조사할
> 필요 없음.

★ 입찰가 산정

▶ **매매의 경우**   매도예상가 − (비용 + 이익금) = 입찰가

(   ) − (   ) + (   ) = (   )원

★ 입찰

입찰일 _____ 장소 _____

준비물: 입찰보증금 _____ 신분증 _____ 도장 _____

실제 입찰가 _____

★ 낙찰

낙찰 금액 _____

보증금 영수증 수령 _____

★ 잔금납부 (대출 불가. 셀프등기를 하거나 법원 앞 법무사에게 위임. 법무사 비용은 약 20~30만 원)

_____

_____

★ 점유자 협상 (낙찰받은 지분을 공유 지분권자에게 매도하거나 상대 지분을 매수하는 협상)

_____

_____

_____

★ 전자소송 (협상이 원활하지 않을 경우 '공유물분할청구소송'과 '부당이득반환소송'을 진행한다)

_____

_____

_____

법정지상권 정복

★ **물건검색**(보유 금액 및 대출 가능 금액 고려할 것)

_____   보유 금액 _____

_____

> 법정지상권 물건은 대출이 되지 않는다.

_____

★ **시세조사** (다양한 경로로 조사해서 판단할 것)

_____ (국토부 실거래가)

_____ (벨류맵)

_____ (네이버 부동산)

_____ (실제 부동산 탐문 및 전화)

_____

★ **권리분석**

등기부등본 _____   건축물대장 _____

토지대장 _____   기타 _____

★ **임장**(살 때와 팔 때의 금액 모두 다양한 경로로 확인)

_____

_____

_____

> 법정지상권 물건은 임대를 줄 일이 없기에 임대시세는 조사할 필요 없음.

_____

★ **입찰가 산정**

▶ **매매의 경우**　　매도예상가 − (비용 + 이익금) = 입찰가

(　　　) − (　　　) + (　　　) = (　　　)원

★ **입찰**　　입찰일 ＿＿＿＿＿＿＿＿＿ 장소 ＿＿＿＿＿＿＿＿＿

준비물: 입찰보증금 ＿＿＿＿＿ 신분증 ＿＿＿＿＿ 도장 ＿＿＿＿＿

실제 입찰가 ＿＿＿＿＿＿＿＿＿

★ **낙찰**　　낙찰 금액 ＿＿＿＿＿＿＿＿＿

보증금 영수증 수령 ＿＿＿＿＿＿＿＿＿

★ **잔금납부**(대출 불가. 셀프등기를 하거나 법원 앞 법무사에게 위임. 법무사 비용은 약 20∼30만 원)

＿＿＿＿＿＿＿＿＿＿＿＿＿＿＿＿＿＿＿＿＿＿＿＿＿＿＿＿＿＿

＿＿＿＿＿＿＿＿＿＿＿＿＿＿＿＿＿＿＿＿＿＿＿＿＿＿＿＿＿＿

★ **점유자 협상**(낙찰받은 부동산에 대해서 매도 또는 지상건축물을 매수하는 협상)

＿＿＿＿＿＿＿＿＿＿＿＿＿＿＿＿＿＿＿＿＿＿＿＿＿＿＿＿＿＿

＿＿＿＿＿＿＿＿＿＿＿＿＿＿＿＿＿＿＿＿＿＿＿＿＿＿＿＿＿＿

＿＿＿＿＿＿＿＿＿＿＿＿＿＿＿＿＿＿＿＿＿＿＿＿＿＿＿＿＿＿

★ **전자소송**(협상이 원활하지 않을 경우 '철거소송'과 '지료소송'을 진행한다)

＿＿＿＿＿＿＿＿＿＿＿＿＿＿＿＿＿＿＿＿＿＿＿＿＿＿＿＿＿＿

＿＿＿＿＿＿＿＿＿＿＿＿＿＿＿＿＿＿＿＿＿＿＿＿＿＿＿＿＿＿

＿＿＿＿＿＿＿＿＿＿＿＿＿＿＿＿＿＿＿＿＿＿＿＿＿＿＿＿＿＿

경매 기본용어 정리 30

가등기 : 매도인이 이전등기를 하는 데 협력하지 않는 경우나, 매매의 예약_{豫約}에서 아직 소유권을 취득하고 있지는 않으나 예약자로서의 권리를 확보할 필요가 있는 경우 등에 이용된다. 또 가등기는 그것만으로는 등기로서의 효력이 없으나, 후에 본등기를 하면 그 본등기의 순위는 가등기의 순위에 의한다. 즉, 대항력의 순위가 가등기를 한 때로 소급하게 된다.

가압류 : 금전 또는 금전으로 환산할 수 있는 청구권을 그대로 두면 장래 강제집행이 불가능하게 되거나 곤란하게 될 경우에 미리 일반담보가 되는 채무자의 재산을 압류하여 현상_{現狀}을 보전하고, 그 변경을 금지하여 장래의 강제집행을 보전하는 절차.

가처분 : 다툼의 대상이 처분 멸실되는 등 법률적 사실적 변경이 생기는 것을 방지하고자 하는 보전처분이거나 다툼이 있는 권리 또는 법률관계가 존재하고 그에 대한 확정판결이 있기까지 현상의 진행을 그대로 방치한다면 소송의 목적을 달성하기 어려운 경우에 대비한 보전처분이다.

강제경매 : 일반 채권자가 채권을 증명하는 판결문과 같은 서류를 법원에 제출하여 부동산을 처분해달라고 해서 부쳐진 경매.

강제집행 : 사법상 또는 행정법상의 의무를 이행하지 않는 자에 대하여, 국가의 강제권력에 의하여 그 의무이행을 실현하는 작용 또는 그 절차.

경매 : 경매에는 국가기관이 하는 공경매_{公競賣}와 사인_{私人}이 하는 사경매_{私競賣}의 구분이 존재한다. 공경매에는 민사소송법의 강제집행절차에 의한 경매와

국세징수법에 의한 경매가 있다. 민사소송법에 의한 경매에는 일반채권자에 의한 경매(민사소송법 599조 이하)와 담보권의 실행을 위한 경매(724조 이하:1990년 9월 신설)가 있다. 공경매에 있어서 경락인競落人이 새롭게 권리를 취득하는 시기는 경락인이 경락대금을 완납한 때이다

권리분석 : 입찰하는 부동산의 권리 상태를 파악하는 작업을 뜻한다. 소유권 이전과 함께 따라오는 임대보증금, 가압류 등 다른 사람들의 권리를 없애기 위해 낙찰자가 별도로 내야 하는 금액이 얼마인지를 분석하는 것으로 수익률 확보를 위해 반드시 필요하다.

낙찰 : 낙찰이란 계약을 체결함에 있어 경쟁매매에 의하는 경우에 한쪽 당사자가 입찰에 의하여 다른 당사자를 결정하는 것을 말한다. 압류재산의 매각은 세법에서 정해져 있다.

농지취득자격증명 : 농지매수인의 농민 여부, 자경 여부 및 농지소유상한 이내 여부 등 농지소유자격과 소유상한을 확인하고 심사함으로써 비농민의 투기적 농지매입을 규제하고 경자유전耕者有田의 실현을 도모하기 위한 제도이다.

담보가등기 : 돈을 빌려주고 등기부등본에 등재한 가등기

대위변제 : 채권자가 가지고 있던 채권에 관한 권리(채권 담보권 등)가 변제자에 이전되는 일로서 제삼자 또는 공동채무자(연대채무자 보증인 불가분채무자 등)의 한 사람이 채무자 또는 다른 공동채무자를 위하여 변제하는 경우

에 그 변제자는 채무자 또는 다른 공동채무자에 대하여 구상권求償權을 취득하는 것이 보통인데, 이 경우 그 구상권의 범위 내에서 종래 채권자가 가지고 있던 채권에 관한 권리(채권 담보권 등)가 변제자에 이전되는 일, 또 그 제도를 말한다. 변제자의 대위 또는 변제에 의한 대위라고도 한다.

대항력 : 이미 발생하고 있는 법률관계를 제3자에 대하여 주장할 수 있는 효력으로 대항요건對抗要件을 구비함으로써 발생한다. 대항요건을 구비하지 못한 경우에는 당사자 사이에는 법률효과法律效果가 발생하였더라도 제3자에 대하여는 그 법률효과를 주장할 수 없으나, 대항요건을 구비한 경우에는 당사자 사이의 법률효과를 제3자에 대하여도 주장할 수 있게 된다.

말소기준권리 : 경매 후 낙찰자에게 권리가 인수되거나 소멸 되는 기준이 되는 권리로 1)(근)저당권, 2)담보가등기, 3)(가)압류, 4)강제경매기입등기, 5)경매신청한 선순위 전세권, 6) 배당신청한 선순위 전세권등이 있다. 여기서 5),6)의 전세권의 경우에 부분전세권은 제외됨

명도 : 토지나 건물 또는 선박을 점유하고 있는 자가 그 점유를 타인의 지배하에 옮기는 것이다. 법문상으로는 인도로 규정하고 있으며(민사집행법 제258조 1항) 명도라는 말은 사용하지 않는다.

배당요구 : 강제집행에 있어서 압류채권자 이외의 채권자 집행에 참가하여 변제를 받기 위해 집행관의 압류금액 매각대금(매득금) 등의 배당을 요구하는 것을 말한다.

법정지상권: 당사자의 설정계약設定契約에 의하지 않고 법률의 규정에 의하여 당연히 인정되는 지상권이다. 토지와 건물을 별개의 부동산으로 취급하는 결과 토지와 그 토지 위의 건물이 각각 다른 자에게 귀속하면서도 그 건물을 위한 토지의 사용 수익권收益權이 존재하지 않는 경우가 있게 된다. 이러한 경우에 그 토지 위의 건물을 위한 토지에 대한 잠재적인 용익관계를 현실적인 권리로 인정함으로써 토지와 그 토지 위의 건물과의 결합관계를 유지하여 사회경제적 이익을 도모하려는 데에 법정지상권 제도의 취지가 있다.

보전가등기: 소유권의 순위를 보전하기 위한 가등기

상계: 채권자와 채무자가 서로 동종의 채권 채무를 가지는 경우에 채무자의 일방적 의사표시에 의하여 그 채권 채무를 대등액에서 소멸시키는 것.

우선변제: 어떤 채권자가 채무자의 전재산 또는 특정재산에서 다른 채권자보다 먼저 변제를 받는 일로서, 채무자의 재산이 총채권액보다 부족한 경우에 의의가 있다. 채권자 평등의 원칙의 예외를 이루는 것이기 때문에, 특히 법률의 규정이 있는 경우에만 인정된다. 민법상 질권 저당권자에게 우선변제권이 인정되고 있다. 특별법상으로는 근로기준법상 근로자의 임금 퇴직금 재해보상금 등에 우선변제권이 인정되어 있고, 국세징수법 지방세법 등에도 국세 지방세의 우선변제를 규정하고 있다.

유찰: 경매 진행시 해당 회차에 응찰자가 없는 경우로 다음 경매로 넘어가며 20%~30%의 저감이 발생한다.

유치권: 타인의 물건이나 유가증권을 점유한 자가 그 물건이나 유가증권에 관하여 생긴 채권이 변제기에 있는 경우에 그 채권을 변제받을 때까지 그 물건이나 유가증권을 유치할 수 있는 권리

인도명령: 강제집행에 있어서 집행법원이 결정으로써 내리는 명령.

임의경매: 채무자의 채무불이행시 채권자가 담보로 제공받은 부동산에 설정한 저당권, 근저당권, 전세권, 담보가등기 등의 담보권을 실행하여 자신의 채권을 회수하는 법적절차를 말한다. 강제경매와 달리 별도의 재판을 거치지 않고 곧바로 법원에 경매신청을 할 수 있다.

입찰: 다수의 신청희망자로부터 각자의 낙찰落札희망 예정가격을 기입한 신청서를 제출 입찰하게 하여 최저가격 입찰자와 계약을 체결하는 방식이다.

지분: 공유물이나 공유 재산 따위에서, 공유자 각자가 소유하는 몫. 또는 그런 비율. '몫'으로 순화.

지상권: 타인의 토지에 건물, 기타의 공작물이나 수목樹木을 소유하기 위하여 그 토지를 사용할 수 있는 물권物權.

지역권: 일정한 목적을 위하여 타인의 토지를 자기토지自己土地의 편익에 이용하는 권리로서 토지용익물권土地用益物權의 일종이다(민법 제291조). 지역권地役權에 있어서 편익을 받는 토지를 요역지要役地라 하고 편익을 제공하는 토지를 승역지承役地라고 한다.

취하: 경매신청 채권자가 경매신청 행위를 철회하는 것이다. 단, 최고가 매수 신고인이 결정된 후에는 최고가 매수신고인의 동의가 필요하다.

확정일자: 확정일자란 법원 또는 동사무소 등에서 주택임대차계약을 체결한 날짜를 확인하여 주기 위하여 임대차계약서 여백에 그 날짜가 찍힌 도장을 찍어주는데 이 때 그 날짜를 의미한다. 주택임차인이 임차 주택의 보증금에 대하여 제3자에게 대항력을 갖게 하기 위해서는 전세권을 설정해야 하는데 경제적 약자인 임차인이 임대인이 꺼리고 있는 전세권 등기를 요구하기 어려운 실정을 감안하여 입주와 전입신고를 한 임차인이 확정일자를 받으면 경매 때 우선순위 배당에 참가하여 후순위 담보물권자보다 우선적으로 보증금을 변제받을 수 있도록 한 제도이다.

환매권: 매도한 재물이나 수용당한 재물을 구 소유자가 다시 매수할 수 있는 권리로서 민법상 환매권과 토지수용과 관련된 환매권의 2가지가 있다. 현행 민법은 매도인이 매매 계약과 동시에 환매할 권리를 보류한 때에는 그 영수한 대금 및 매수인이 부담한 매매 비용을 반환하고 그 목적물을 환매할 수 있도록 규정하고 있다

꼭 필요한 인터넷 사이트 ▼ Q

경매정보 사이트

대법원법원경매정보	https://www.courtauction.go.kr
지지옥션	http://www.ggi.co.kr
굿옥션	http://www.goodauction.com

지도

네이버지도	https://map.naver.com
다음지도	https://map.kakao.com
온나라지도	https://seereal.lh.or.kr
소상공인상권분석시스템	http://sg.sbiz.or.kr

시세확인

국토교통부 실거래가	http://rt.molit.go.kr
네이버부동산	https://land.naver.com
KB부동산시세	https://onland.kbstar.com
밸류맵	https://www.valueupmap.com

각종 서류 확인

등기부등본 확인	http://www.iros.go.kr
건축물대장 확인	http://www.minwon.go.kr
토지대장 확인	http://www.minwon.go.kr
지적도 확인	http://www.minwon.go.kr
토지이용계획확인원 확인	http://www.minwon.go.kr
부동산종합정보시스템	https://kras.go.kr

전자소송관련

전자소송홈페이지	https://ecfs.scourt.go.kr
대한법률구조공단	https://www.klac.or.kr
법제처	http://www.law.go.kr

그 외

저자 E-mai	cjhw04@naver.com
저자 블로그	https://blog.naver.com/cjhw04
저자 H.P	010-8633-9715

부장님 몰래하는
직장인 경매의 기술

초판 1쇄 발행 2019년 7월 11일

지은이	조장현
펴낸이	최용범

편집	박호진, 김소망
디자인	김규림
관리	강은선

펴낸곳	페이퍼로드
출판등록	제10-2427호(2002년 8월 7일)
주소	서울시 동작구 보라매로5가길 7 1322호
이메일	book@paperroad.net
블로그	https://blog.naver.com/paperoad
포스트	https://post.naver.com/paperoad
페이스북	www.facebook.com/paperroadbook
전화	(02)326-0328
팩스	(02)335-0334

ISBN	979-11-967059-2-3 03320

이 도서의 국립중앙도서관 출판예정도서목록(CIP)은 서지정보유통지원시스템 홈페이지(http://seoji.nl.go.kr)와 국가자료종합목록 구축시스템(http://kolis-net.nl.go.kr)에서 이용하실 수 있습니다.
(CIP제어번호 : CIP2019022581)